à consulta

A
MONSEIGNEVR,
MONSEIGNEVR
LE CARDINAL
DVC DE
RICHELIEV.

ONSEIGNEVR,

Lors que i'entrepris de faire vne
piece heroïque , dont la representa-

à

*tion pût estre agreable à vostre Emi-
nence, je creûs que la perfection seule estoit capable de plaire au plus
grand Esprit de l'Vniuers; & m'esti-
mant bien esloigné de pouuoir arriuer
à vn si haut point, j'vsay d'artifice,
& je choisis vn sujet plein de vertu,
estant asseuré que vous seriez pour le
moins charmé par la matiere de l'ouurage. Cesle inuention m'a si bien reüs-
si, que par elle i'ay eu le bon-heur d'es-
mouuoir cette grande ame, que le
souleuement de cent Peuples n'esmou-
uroit pas ; & de tirer des exclama-
tions de cette bouche, qui prononce
les arrests de la Fortune de toute l'Eu-
rope. Mais, MONSEIGNEVR,
je ne veux point pretendre vne gloire*

EPISTRE.

qui ne m'appartient pas : c'est la Vertu qui vous esmouuoit ; c'est à elle à
qui vous donniez ces applaudissemens.
Elle brilloit par tout ; & l'amour que
vous auez pour elle vous a causé ces
transports , qui sembloient estre cau-
sez par les seuls efforts de la Poësie.
Que vostre Eminence ne s'offense pas
s'il luy plaist de cette tromperie , qui a
peu surprendre le plus solide jugement
du monde ; car qui se deffieroit iamais
que la Vertu le deust tromper? Et puis
qu'elle est elle-mesme sa recompense,
souffrez , MONSEIGNEVR,
qu'en vous desdiant cet ouurage , ie
presente la Vertu à la Vertu mesme;
& que sous la protection d'vne chose
qui vous est si chere , i'ose vous pre-

EPISTRE.

senter encore la plus respectueuse passion qui fut iamais, auec laquelle ie suis,

MONSEIGNEVR,

Vostre tres-humble, tres-obeïssant,
& tres-fidelle seruiteur,
DESMARETZ.

QVELQVES-VNS m'auoient voulu obliger de faire vne Preface à cette Tragicomedie en faueur de ceux qui ont vn fçauoir mediocre, & de leur rendre raifon pourquoy d'vn petit euenement que j'ay trouué dans l'Hiftoire, j'ay formé vn intrigue capable de compofer vne piece de theatre, en y adjouftant quelques accidens vray-femblables: pourquoy j'ay nommé Lucidan celuy que quelques Hiftoriens nomment Allucius, d'autres Luceius, & d'autres Indibilis: pourquoy j'ay faict donner par Garamante à Scipion l'aduis pour prendre la ville, qui luy fut donné par quelques pefcheurs du païs; & enfin pourquoy j'ay faict que Scipion eft furpris d'amour, & par la vertu furmonte cette paffion; puifque l'Hiftoire ne dit autre chofe, finon qu'il rendit cette Princeffe, fans auoir remarqué s'il auoit efté touché de fa beauté ou non. Mais ie leur ay dit que nul n'eftoit obligé de rendre raifon de fon art, & qu'vn peintre apres auoir acheué vn tableau, n'y attachoit point vn efcrit pour rendre compte de toutes fes figures. Il ne faut point preuenir les jugemens par des raifons eftudiées à deffein de fe faire valoir. Plus l'art eft caché plus il eft beau: Les fçauans judicieux qui fçauent feuls le defcouurir, l'admirent en le trouuant; & mieux il a fceu euiter de pareftre, plus ils luy donnent de loüanges. Ceux qui ont vne erudition mediocre, & ceux mefmes qui fans aucun fçauoir ont du jugement, ayment les chofes qu'vn bel art a produites, encore qu'ils ne le voyent pas; & pour ceux qui n'ont ny fçauoir ny jugement,

ã iij

C'eſt vn ſoin bien inutile que celuy d'aller au deuant de leurs obiections ; puiſque les raiſons qu'on leur pourroit alleguer ne leur donneroient pas plus d'eſprit que ne leur en a donné la Nature. Ie diray ſeulement que j'auois eu deſſein de nommer cette piece vne Tragedie, encore que la fin en ſoit heureuſe; cõme il y en a beaucoup de ſemblables dans les anciens Tragiques. Les ſeules perſonnes qui eſtoient repreſentées diſtinguoient autrefois le Tragique d'auec le Comique : ſi c'eſtoient des Roys, des Princes & d'autres perſonnes illuſtres, cela s'appelloit Tragedie; & à ce Poëme conuenoient ſeulement des ſujets graues, auec des diſcours ſerieux & dignes des perſonnes de ce rang; & ſi c'eſtoient des perſonnages pris d'entre le peuple, cela s'appelloit Comedie, à laquelle conuenoient ſeulement des ſujets bas, & des accidens ridicules, auec des propos ordinaires & capables d'exciter le rire par leur naïueté. Toutefois i'ay conſideré que le mot de Tragicomedie eſt vn terme trop vſité maintenant, & duquel trop de gens ſe ſont ſeruis pour exprimer vne piece dont les principaux perſonnages ſont Princes, & les accidens graues & funeſtes, mais dont la fin eſt heureuſe, encore qu'il n'y ait rien de Comique qui y ſoit meſlé; & i'ay creu qu'il valloit mieux ſe ſeruir de ce nom apres tant d'autres, que de faire vn party à part; & ſuiure la mode telle qu'elle eſt, que d'eſtre ſeul à ſuiure les anciens en choſe de ſi peu de conſequence. Il vaut mieux ſe meſler parmy la foule, que de donner opinion que l'on veuille ſe faire remarquer, allant ſeul hors du commun; afin d'oſter tout ſoupçon de vanité, laquelle doiuent bien euiter ceux qui s'expoſent au jugement public. Le judicieux Lecteur examine nos ouurages equitablement, & ſans ſe laiſſer preoccuper, quoy que nous luy voulions perſuader de noſtre merite : Les jugemens veulent eſtre libres, & s'ils apperçoiuent que nous les voulions captiuer, & regler de nous meſmes l'eſtime que

AVX LECTEVRS.

l'on doit faire de nous, ils se despitent, & retranchent mesmes les loüanges deuës à ceux qui pretendent plus qu'ils ne doiuent. J'ay encore à dire que j'ay mis à la teste de ce Poëme vn Prologue qui n'a point esté recité au theatre, ou l'impatience Françoise ne les peut souffrir non plus que les Chœurs. C'est ce qui priue nostre langue des plus riches ornemens de la Poësie, dont les plus hautes figures se peuuent employer dans ces pieces destachées, & non pas dans le cours du Poëme dramatique, où les personnages ne doiuent point auoir vn langage poëtique & figuré, ce qui sembleroit extrauagant; mais vn discours approchant de l'ordinaire, & qui se releue seulement en elegance de termes & en force de sentimens : mesmes il est certain que dans les plus beaux mouuemens des passions, & dans les plus fortes pensées qu'elles produisent, plus les expressions en sont naturelles, plus elles sont belles : Mais dans les prologues & dans les chœurs la Poësie est en sa liberté, pour estaller ses doctes figures; & semble quitter alors le langage des hommes, pour prendre celuy que les anciens appelloient le langage des Dieux. Voyla, chers Lecteurs, ce que j'auois à vous dire : Lisez maintenant, & jugez auec toute liberté. J'oseray seulement vous asseurer, que vous trouuerez icy quelques pensées, sinon releuées, au moins honnestes; & telles que l'on peut s'attendre de voir en vn ouurage ou triomphe la vertu.

PERSONNAGES.

SCIPION,	Empereur Romain.
LVCIDAN,	Prince des Celtiberiens,
OLINDE,	Princesse d'Hispale.
GARAMANTE,	Prince Numidien.
HYANISBE,	Princesse des Isles fortu-nées en habit de soldat.
ELISE,	Suiuante d'Hyanisbe aussi en habit de soldat.
LE GOVVERNEVR DE CARTAGENE,	
ORCADE,	Suiuante d'Olinde.
PHORBAS,	Suiuant de Garamante.
ASPAR,	Escuyer d'Hyanisbe.
SOLDATS CARTAGINOIS,	
SOLDATS ROMAINS,	
MARTIAN,	Capitaine Romain.
HERAVT ROMAIN.	

La Scene est dans Cartagene en Espagne autrefois ap-pellée Cartage la neufue.

SCIPION.

TRAGICOMEDIE,

PROLOGVE.

LA PRESTRESSE DV TEMPLE
DE
IVNON DANS CARTAGENE.

GENEREVSE Didon, qui fis naiſtre Cartage,
Qui pour vn fugitif ſouffris tant de tourmens;
Et qui pour trop d'amour & pour trop de courage
Ne pûs voir ſans mourir rompre tant de ſermens;
 Le Ciel te voulut bien entendre
Quand tu priois qu'vn iour de ta fertile cendre
 Il ſortit vn vangeur.
Soit dans les champs heureux ta douleur ſoulagée :
 Annibal t'a vangée.
Deſormais de ta honte efface la rougeur.

        A

PROLOGVE.

Affez a fuccombé la vaillance Romaine
Sous l'effort courageux des Mores bataillons:
Trebie & le Tefin, Cannes & Trafimene
Affez de fang Latin ont veu de gros boüillons.
  Affez les deux villes riualles
Ont deftruit l'Italie auec forces efgalles:
  Le parjure eft vangé.
Auffi Rome animée, en vangeant fes injures,
  Va punir les parjures
Dont l'audace Afriquaine a le Ciel outragé.

Vn jeune & fage Chef va foudroyer tes portes,
Cartagene fidelle à Cartage fans foy;
Et du brillant acier de fes fieres cohortes,
Desja l'Afrique mefme a conceu de l'effroy.
  Dans les delices de Capouë,
Tandis que d'Annibal la fortune s'efchouë,
  Scipion eft ardent;
Et vangeant fa Patrie, & fon Oncle & fon Pere,
  Dans fa'jufte colere
Il paroift moderé, genereux & prudent.

Implacable Iunon, dont ie fuis la Preftreffe,
Ceffe de refifter aux fuperbes Deftins:
Souffre que l'Vniuers ayt Rome pour maiftreffe:
Laiffe eftendre par tout l'Empire des Latins.

PROLOGVE.

Que iamais ne fe communique
Ta celefte faueur à la race Punique:
    Paffe vers les Romains.
La parjure Cartage a merité ta haine:
    Souffre que ie t'emmeine
Pour auoir de l'encens par de plus iuftes mains.

Chafte Diuinité, tu dois cherir la race
Des chaftes Scipions en ces lieux admirez.
Ce jeune vertueux fuiuant leur belle trace,
Verra les nobles pas des hommes adorez.
    Par luy la pudeur virg. ale,
Malgré de Mars vainqueur l'infolence brutale,
    Aura fa feureté.
La Iuftice & la Foy feront dans les Efpagnes
    Ses fidelles Compagnes:
Toufiours ces deux vertus fuiuent la pureté.

Bien-heureux les humains, qui fous de chaftes Princes
Par la faueur du Ciel ont à paffer leurs iours.
Leur fceptre moderé bannit de leurs Prouinces
Les defordres caufez par les fales amours.
    On void briller dans les familles
Les pudiques regards des innocentes filles:
    Les Peres font contents.
Pour vn Prince Troyen qui rauit à la Grece
    Vne belle Princeffe,
Combien vid le Soleil perir de combattans?

PROLOGVE.

Ne craignez point pour vous, peuple de Cartagenes
Ny pour tant de Beautez que renferment vos murs.
Elles auront la peur : mais la vertu Romaine
Souffrira de leurs traits des assauts bien plus durs.
    Icy pareftront l'Innocence,
L'Honneur, la Trahison, l'Amour & la Vangeance,
    En leur plus haut efclat.
Mars fera peu fentir fon infolente audace:
    Mais dedans cefte place
L'Amour & la Vertu feront vn beau combat.

SCIPION.

ACTE PREMIER.

SCENE PREMIERE.

LE GOVVERNEVR DE CARTAGENE.

SOLDATS AFRIQVAINS.

LE GOVVERNEVR.

VERRIERS, dont la valeur possède l'auantage
D'auoir porté si haut la gloire de Cartage;
Et qui par tant de lieux disputez aux Romains,
Depuis tant de saisons, l'Empire des humains;
Souffrez-vous qu'on vous braue?& qu'aux yeux de l'Espagne
Vn jeune Chef nous force à quitter la campagne;
A deffendre ces murs, cependant qu'Annibal,
Peut estre glorieux en ce moment fatal,
Sappe les murs de Rome, & d'vn ardent courage
Dompte enfin son orgueil, la force & la saccage.

A iij

Ce jeune audacieux, reſte des Scipions
Que nous fiſmes perir auec leurs legions,
Dont coula tant de ſang ſur la poudre Eſpagnole,
D'vn eſpoir de vengeance en ſon deüil ſe conſole.
O ! de Rome affoiblie imbecille ſecours !
Mais quoy ? de ce torrent il faut rompre le cours.
Reſiſtons puiſſamment à la force Romaine,
Qui croit prendre l'Eſpagne en prenant Cartagene.
Icy ſont les enfans pour oſtages gardez
Des Rois par qui l'on void ces païs commandez,
Qui venant à tomber ſous leur fiere puiſſance,
Rangeroient tous ces Rois ſous leur obeïſſance.
C'eſt icy l'arcenal, ou d'vn ſoin diligent
Cartage a fait amas & d'armes & d'argent,
D'où l'appareil guerrier & de mer & de terre
Se reſpand en tous lieux où ſe porte la guerre.
Scipion va bien toſt receuoir vn affront,
Au lieu du beau laurier qu'il promet à ſon front:
Car voyez à quel point a monté ſon audace ?
D'entreprendre l'aſſaut d'vne ſi forte place,
Ou pretendre affamer le lieu des magaſins,
Qui fourniroient la vie à cent peuples voiſins ?
Puniſſez, mes amis, cette inſolente rage.
Deffendez vaillamment tout l'eſpoir de Cartage,
Et croyez que le Ciel va donner par vos mains
L'honneur à noſtre Empire, & la honte aux Romains.
Le More Garamante a faict vne ſortie,
Par qui de l'Ennemy la force eſt diuertie ;
Il l'amuſe, & tandis que le choc s'entretient,
Fauoriſe l'entrée au ſecours qui nous vient.
Lucidan le conduit, Prince des Celtiberes,
Qui d'vn ardent courage embraſſe nos affaires ;

Celuy dont la valeur fit de si grands effets,
Quand les deux Scipions par nous furent deffaits.
Par vn puissant effort soustenons ces deux Princes,
Les nobles deffenseurs de ces belles Prouinces:
Employons nostre bras & quittons le discours.
Ouurons, mes compagnons, le passage au secours.
Mais, soldat, quelle joye en tes yeux estincelle?

SCENE SECONDE.

LE GOVVERNEVR, SOLDATS, LVCIDAN.

SOLDAT.

SEIGNEVR, je vous apporte vne heureuse nouuelle.
Le vaillant Lucidan, d'vn effort merueilleux,
A franchy des Romains le fossé perilleux ;
Et sans craindre des traits l'espouuantable orage,
Parmy les legions s'est ouuert le passage.

LE GOVVERNEVR.

Rien à ce vaillant bras ne sçauroit resister.
C'est le plus grand secours qui nous puisse assister :
Pouuions-nous esperer vne asseurance esgale?
Nous auons la valeur aux Scipions fatale.
Mais le voicy luy-mesme; allons le receuoir.
O Prince genereux !

LVCIDAN.

                    Par vn double deuoir
I'estois trop obligé de vous venir deffendre.

SCIPION.

LE GOVVERNEVR.

Voſtre ſeule valeur vous l'a fait entreprendre:
Rien ne vous obligeoit.

LVCIDAN.

Ie ſçay ce que je dois
A l'empire naiſſant des grands Cartaginois:
Mais vn deuoir plus fort animoit mon courage.
Vne rare Princeſſe eſt icy pour oſtage,
Olinde, dont les yeux me font viː e & mourir;
C'eſt elle, à dire vray, que ie viens ſecourir:
Pardonnez cét aueu.

LE GOVVERNEVR.

Quoy? ceſte belle Olinde?
La plus belle qui ſoit du Tage juſqu'à l'Inde?
Celle dont les regards doucement inhumains
En bleſſent plus icy que les traits des Romains?

LVCIDAN.

C'eſt elle, dont la foy dés long-temps m'eſt promiſe:
Le vouloir des parens mon bon-heur authoriſe;
Et ſi d'vne faueur vous voulez m'obliger;
Alors que l'on verra l'Ennemy deſloger,
Permettez qu'en repos vn ſainct nœu nous aſſemble;
Et retenez, pour vn, deux oſtages enſemble.
Si ie puis par mon ſang ceſte grace acquerir,
Dans les plus grands dangers vous me verrez courir.

LE GOVVERNEVR.

S'il eſt vray qu'à vos vœux elle ſoit accordée,
Prince, vous obtenez la faueur demandée.

SCENE

SCENE TROISIESME.

OLINDE, GARAMANTE, LE GOVVERNEVR, LVCIDAN, SOLDATS.

OLINDE.

DIEVX! je voy Lucidan? Lucidan de retour?
Ah! courons au deuant. O fauorable jour.

LE GOVVERNEVR.

Mais voicy Garamante. O valeur fignalée!
Quoy? vous vous retirez encor de la meflée?

GARAMANTE.

Ie m'eftois par malheur engagé trop auant,
Voyant qu'vn efcadron s'eftoit mis au deuant,
Pour rendre du fecours tout l'effort inutile,
Et leur ofter l'efpoir d'entrer dedans la ville.
Apres qu'auec les miens je les eus efcartez,
La chaleur du combat nous a precipitez
Parmy tant d'Ennemis, que ie ne fçay qu'à peine
Comment j'ay retiré mes gens que ie rameine.

LE GOVVERNEVR.

Vn affez digne prix ne fe peut rencontrer
Pour ce Prince, & pour vous qui l'auez fait entrer.

B

Non, ie ne penſe plus qu’auec ceſte aſſiſtance
Nous deuions des Romains redouter la puiſſance;
Mais laiſſons ce propos, pour voir ceſte Beauté
Qui de tant de mortels tient l’eſprit arreſté.

LVCIDAN.

Ah! Dieux, c’eſt elle meſme.

OLINDE.

　　　　　　　　　　　Ah! cache-toy, ma joye:
Ma craintiue pudeur deffend que l’on te voye.

LVCIDAN.

Ah! merueilleuſe veüe! Ah! ſource de plaiſirs:

GARAMANTE.

Beauté, que dans mon cœur tu reſpans de deſirs:

LVCIDAN.

Pardonnez à l’amour, Seigneur, & que de grace
Ie me jette à ſes pieds, & que ie les embraſſe.

OLINDE.

Leue-toy, Lucidan, ſonge à ce que tu dois:
Tu manques de reſpect pour les Cartaginois.

LVCIDAN.

Peut-on trouuer eſtrange, Infant incomparable,
De me voir adorer ce qu’on void adorable?
Et ſi i’ay du tranſport aux yeux de nos amis
Si preſt de poſſeder le bien qui m’eſt promis?

SCIPION.

GARAMANTE.

Quel bien fe promet-il? tout ce difcours m'offenfe.

LVCIDAN.

O! de mes longs trauaux la haute recompenfe,
Auoüez feulement deuant le Gouuerneur,
Que vous & vos parens agréez mon bon-heur.

OLINDE.

Ie confeffe, Seigneur, que ie luy fuis promife :
Où ie diray pluftoft, Lucidan m'a conquife.
Tant de tourments foufferts, de feruices rendus,
De foins pour mes parens, de deuoirs affidus,
De fecours importans depuis que ie fuis née,
Pouuoient bien meriter plus que mon hymenée;
Et malgré la pudeur, je confeffe aujourd'huy;
Ouy, je dis fans rougir, que mon cœur eft à luy.

LVCIDAN.

Trop fauorable adueu d'vne fi belle bouche.

GARAMANTE.

Combien fenfiblement cét accident me touche!

OLINDE.

Cét adueu, Lucidan, me doit eftre permis;
Puifque deuant les Dieux ce cœur vous fut promis.

LE GOVVERNEVR.

Faifons apres le fiege vn fi beau mariage.
Vous eftes libre, Olinde, & n'eftes plus oftage.

LVCIDAN.

C'eft fur les nobles cœurs regner bien noblement,
Que de prendre en oftage vn grand reffentiment.

LE GOVVERNEVR.

Viuez toufiours heureux, & l'amant, & l'amante.
Et pour vous que feray-je? Illuftre Garamante.

GARAMANTE.

Pour moy, rien ne me refte au monde à defirer,
Si vous donnez le bien que j'ofois efperer.

LE GOVVERNEVR.

Quel bien efperiez-vous?

GARAMANTE.

Cefte beauté celefte.
Mais fi quelque foucy dedans l'ame vous refte,
D'vn qui cent fois s'expofe aux hazards de mourir
Pour l'honneur de Cartage, & pour vous fecourir;
Reuoquez voftre don, ou bien toft cefte efpée
Au fang d'vn Efpagnol fe trouuera trempée.

LVCIDAN.

Dans ce deffein funefte, auffi pourroit-on bien
Verfer en mefme temps du fang Numidien:

Ce que j'ay bien acquis je le fçay bien deffendre.

GARAMANTE.

Et je'fçay conquerir ce que j'ofe pretendre.

LE GOVVERNEVR.

Quel eft voftre deffein ? mais pluftoft dés ee jour
Efteignez l'amour mefme en faueur de l'amour.
Voyez depuis quel temps ces deux heureufes ames
Nourrriffent cherement leurs mutuelles flames.
Ayez par vn effort de vous mefme pitié,
Et n'efperez pas rompre vne telle amitié.

GARAMANTE.

Renoquez feulement la fentence importune :
Puis laiffez faire apres Amour & la Fortune.

LVCIDAN.

Sans faire tant de bruit, faifons voir en ces lieux,
Si l'on donne vn affaut, qui la merite mieux.

LE GOVVERNEVR.

Ses yeux, à l'vn cruels, à l'autre fauorables,
Sont de ce differend les Iuges equitables.
Lucidan, remenez Olinde en fa maifon.
Garamante, effayez de fuiure la raifon.
Cefte chere beauté qui vous rend fi fenfible,
Par luy defia vaincuë, eft pour vous inuincible.
Vn grand cœur fouffre bien de plus grands defplaifirs;
Dans les employs de Mars noyez tous ces defirs.

GARAMANTE.

Ah! ne confentez point à ce trifte hymenée.

LE GOVVERNEVR.

Cher Prince, que veux-tu? ma parole eft donnée.
Adieu, j'ay pour l'affaut cent chofes à preuoir:
N'ayme plus, Garamante, & fonge à ton deuoir.

SCENE QVATRIESME.

GARAMANTE SEVL.

TA parole eft donnée? & j'auray le courâge
De fouffrir lafchement vn fi fenfible outrage?
Ta parole eft donnée? & les Cartaginois
Par mon bras indompté fecourus tant de fois,
Pourront bien d'vn mefpris payer tous mes feruices,
Et pour les feuls vaincus garderont les delices?
Ta parole eft donnée? & ie pourray bien voir
Vn riual comblé d'heur, & moy de defefpoir?
Pluftoft tout l'Vniuers en ruïnes efclatte,
Ou pluftoft des Enfers dans cefte ville ingratte
Vienne [vne Tyfiphone, & feme fes ferpens,
Que de voir vn riual heureux à mes defpens,
Ouy, periffe pluftoft cefte ville execrable,
Que de le voir content & me voir miferable.
Quoy doncques, malheureux, j'auray pour mon tourment
Fauorisé l'entrée à cét heureux amant,

Qui venoit me rauir la Princeſſe que j'ayme?
Quoy? j'auray combatu pour luy contre moy-meſme?
Et j'auray fouſtenu tout l'effort des Romains,
Pour faire que pluſtoſt elle fut en ſes mains?
Miſerable valeur, à mon bon-heur funeſte,
Quitte moy pour jamais, va, va, ie te deteſte.
Tu n'es qu'vne traiſtreſſe, & pour cauſer mon mal
Tu t'entendois alors auecques mon riual ;
Et d'vne vaine gloire amuſant mon courage,
Pour me voller mon bien tu luy donnois paſſage ;
Puis tu m'entretenois dans ce traiſtre plaiſir,
Afin qu'à l'emporter il eut plus de loiſir.
Ie te quitte, valeur, ſource de mes ſuplices.
Venez me ſecourir, trahiſons, artifices;
Vous ſeuls vous me pouuez redonner mon bonheur.
N'eſcoutons plus les loix d'vn inutile honneur :
Suiuons tous les aduis que nos fureurs nous donnent;
Abandonnons, mon cœur, ceux qui nous abandonnent.
Et puiſque nul ſecours ne m'eſt icy promis,
Cherchons noſtre ſecours parmy les Ennemis.
Reduit au deſeſpoir dans ce malheur extreme,
I'ayme mieux tout trahir, que me trahir moy-meſme.
Que peux-tu m'alleguer, importune raiſon?
As tu peine à ſouffrir ce nom de trahiſon?
Ie viuray, ce dis-tu, deſormais en infame :
I'ayme mieux viure ainſi, que viure ſans mon ame,
Sans plaiſir, ſans repos, ſans eſpoir de guerir,
Que mourir mille fois & ne pouuoir mourir;
Que voir à mon riual ma Princeſſe aſſeruie,
Et que paſſer mes iours plein de rage & d'enuie.
Ie ne puis me noircir par vn ſi laſche tour ;
Que ie n'en ſois touſiours excuſé par l'amour.

Amour, en m'honorant d'vne telle conqueſte,
Malgré mon deshonneur couronnera ma teſte;
Et malgré le meſpris & la hayne de tous,
Ie me verray content & mon riual ialoux.
Olinde, belle Olinde, ah! voy combien ie t'ayme,
Si ie puis pour t'aymer, quitter mon honneur meſme.
Mon honneur, te quitter? te quitter, mon honneur?
Oüy, fors de moy remords contraire à mon bon-heur,
Oüy, pluſtoſt ie le quitte & le ciel & la terre,
Que de ſouffrir les maux qui me feroiert la guerre.
Ie ſçay ce que ie dois a mon ſerment donné :
Ie ſçay ce que ie dois aux lieux où ie ſuis né :
Mais dans l'extremité du mal qui me deuore,
Si ie leur dois beaucoup, ie me dois plus encore.
Priué de tout ſecours, ie me dois ſecourir :
Tout periſſe, pluſtoſt que me laiſſer perir.
Mais venons aux effects, la plainte eſt inutile.
Ie mets dans vn moment Scipion dans la ville.
I'en ſçay bien le moyen; mais à condition
Qu'il rende le repos à mon affection;
Et qu'eſtant poſſeſſeur de ceſte forterreſſe,
Il me faſſe auſſi toſt maiſtre de ma maiſtreſſe.
Riual, tu n'as plus guere à garder ton bon-heur,
Ny toy ta Cartagene, inſolent Gouuerneur,
Il faut malgré l'erreur des ſentimens timides,
Eſtre ingrat aux ingrats, & perfide aux perfides.

FIN DV PREMIER ACTE.

SCIPION

SCIPION.

ACTE SECOND.

SCENE PREMIERE.

LVCIDAN, OLINDE, ORCADE.

DANS l'espoir où ie suis, que les momens sont doux,
Alors qu'en liberté je demeure auec vous;
Et que, sans y penser, Scipion est barbare,
Dont l'assaut importun de vos yeux me separe.
Mais il faut vous deffendre, & chasser les Romains;
De peur que mon tresor ne tombe entre leurs mains.
Ne vous affligez point, genereuse Princesse,
Et de ce noble cœur esloignez la tendresse:
Sous l'auspice puissant d'vn regard de vos yeux,
Ie soustiendrois l'assaut mesme de tous les Dieux.

OLINDE.

Lucidan, ie fçay trop, (& c'eft ce qui m'afflige)
A quelles actions voftre cœur vous oblige.
Ie fçay ce que l'honneur commande aux genereux;
Mais foyez, pour me plaire, vn peu moins valeureux.
La valeur, ie l'auoüe, aux perils attachée,
Par raifon ny par pleurs n'en peut eftre arrachée:
Mais fauuez Lucidan de la fureur des coups;
Et conferuez pour moy, ce qui n'eft plus à vous.
Ne m'abandonnez pas aux malheureux outrages
Qu'exercent des vainqueurs les infolens courages.
En vos mains feulement eft l'appuy que i'attens;
Et s'il nous faut mourir, mourons en mefme temps.

LVCIDAN.

Chere Olinde, chaffez cefte crainte importune.
Puif-ie eftre aymé de vous, & manquer de fortune ?
La fortune ayde aux cœurs amoureux & vaillans.
Icy les grands hafards font pour les affaillans.
Si i'ay peu reuenir des plus rudes batailles,
Que doif-ie redouter, couuert de ces murailles ?

OLINDE.

Pour vous tenir caché vous auez trop de cœur.

LVCIDAN.

Mais pour vn noble efprit vous auez trop de peur.
Adieu. Ie ne puis plus, en ce danger extrefme,
Demeurer auec vous, qu'indigne de vous mefme.

OLINDE.

Helas ! rien deformais ne vous peut retenir.

ORCADE.

Madame.

OLINDE.

Ah ! la douleur m'oftoit le fouuenir.
Au moins de mon amour, receuez ce cher gage,
De mes fidelles mains le curieux ouurage :
Cette efcharpe, mon charme & mon amufement,
Pour adoucir l'ennuy de voftre efloignement.

LVCIDAN.

Admirable faueur, qui marque bien ma gloire,
D'auoir toufiours regné dedans voftre memoire !
Que ce prefent eft beau, qu'il m'eft cher, qu'il m'eft doux !
Mais feroit il moins beau, puis qu'il eft né de vous ?
Vous mefme auez vous faict ce merueilleux ouurage ?

OLINDE.

Ouy, depuis qu'en ce lieu ie fus mife en oftage,
Et que Mars l'emporta fur vos affections,
Vous forçant de marcher contre les Scipions.

LVCIDAN.

Permettez que ie baife, ô Beauté fouueraine,
Ces merueilleufes mains qui prirent tant de peine.
Que ce trauail eft beau.

C ij

SCIPION.

OLINDE.

Voyez de tous coſtez
Que tous les Dieux du Ciel y ſont repreſentez:
Pour faire que des coups ils deſtournent l'orage,
De crainte qu'ils auront qu'on bleſſe leur image.

LVCIDAN.

Mes ſeuls reſſentimens peuuent eſtre teſmoins,
A quel point ie me voy redeuable à vos ſoins.
Si vos yeux ſur l'ouurage ont verſé de leurs charmes,
Ie n'auray pas beſoin de plus puiſſantes armes.

SCENE SECONDE.

LE GOVVÉRNEVR, LVCIDAN, OLINDE.

LE GOVVERNEVR.

Lᴠᴄɪᴅᴀɴ, le Romain prepare vn grand aſſaut.

LVCIDAN.

S'il eſt grand, noſtre gloire en montera plus haut.
Allons, mais ou faut-il, Seigneur, que ie combatte.

LE GOVVERNEVR.

Il faut que vers leur camp tout le peril eſclatte.

SCIPION.

Là nous aurons besoin des meilleurs combattans.

LVCIDAN.

Adieu, Princeſſe. Allons, ne perdons point de temps.

LE GOVVERNEVR.

Animez nos Soldats par voſtre bel exemple.

OLINDE.

O bons Dieux! & pour moy, je m'en vay dans le Temple,
Au moins touchons le Ciel par nos triſtes accens.
Ie ne puis les ayder que de vœux & d'encens.

SCENE TROISIESME.

LE GOVVERNEVR,

SOLDATS CARTAGINOIS.

LE GOVVERNEVR.

MAis qu'eſt donc deuenu ce braue Garamante?
Sans doute ſon amour quelque part le tourmente.

SOLDAT.

Cependant ſes Soldats, de chef abandonnez,
Ne ſçauent point les lieux qui leur ſont ordonnez;

C iij

Et veulent en ſa place vn chef qui les commande.

LE GOVVERNEVR.

Ils ont eu pour ce jour vne peine aſſez grande.
Ayant fait la ſortie il leur faut du repos.
Pour leur donner vn chef, je le trouue à propos.
Attendant ſon retour je le ſeray moy-meſme.
Deſia de toutes parts j'entens vn bruit extreſme.
L'ordre eſt donné par tout. Adherbal, toutefois,
Renforcez de Soldats les plus foibles endroits.
Commandez, Iarbas, à ces femmes vaillantes,
Qu'elles portent les feux, & les huiles boüillantes.
Pour moy, je veux d'icy pouruoir de toutes parts.
Vous, Narbal, allez faire vn tour ſur les ramparts.
Puis faites-moy rapport de tout ce qui s'y paſſe,
Et deuers quel endroit tout l'effort ſe ramaſſe.
Nul de nous aujourd'huy ne ſoit veu languiſſant.
Monſtrez tous vn courage & fidele & puiſſant.
Faiſons que Scipion, d'vne audace inutile
Ait tenté d'emporter ceſte puiſſante ville.
Vous, autant que vaillant, eloquent Arymbas,
Allez par tous les lieux où ſe font les combas.
Repreſentez à tous, que c'eſt de leur courage
Que deſpend ceſte fois tout l'honneur de Cartage.
Dittes leur que le fort qui ſuit la laſcheté,
C'eſt la mort, ou l'horreur de la captiuité.
Mais chaſſant Scipion, quel heur nous accompagne?
Car perdant cét eſpoir, il perd toute l'Eſpagne.

SCENE QVATRIESME.

SOLDAT, LE GOVVERNEVR, SOLDATS CARTAGINOIS, GARAMANTE, SOLDATS ROMAINS, HYANISBE, ASPAR.

SOLDAT.

SEIGNEVR, par vn endroit de Soldats defgarny,
Et que la feule mer rendoit affez muny,
Dont nous auions iugé l'accez trop difficile,
On a veu des Romains fe couler dans la ville.

LE GOVVERNEVR.

Ah! bons Dieux! que dis-tu? mais ie ne te croy pas.

SOLDAT.

Ie fuis trop veritable, ils viennent fur mes pas.
Mais dans cet accident ce qui plus m'efpouuante,
C'eft encor qu'à leur tefte on a veu Garamante,
Animant l'Ennemy du gefte & de la voix,
Et monftrant de nos murs les plus foibles endroits.

LE GOVVERNEVR.

Garamante eft vn traiftre? Ah! quel excés de rage?
Eut on craint ce malheur d'vn homme de courage?

C'eſt pour l'amour d'Olinde. Ah! funeſte beauté!
Mais Dieux! que ferons nous en ceſte extremité?

AVTRE SOLDAT.

Ah! Seigneur, d'Ennemis toute la ville eſt pleine.
Rien ne peut reſiſter à la force Romaine.
D'vn coſté les aſſauts, d'autre la trahiſon,
Ont par diuers moyens forcé la garniſon.
Vne troupe me ſuit.

LE GOVVERNEVR.

Gaguons la fortereſſe.
O vous, Getuliens, valeureuſe ieuneſſe,
Vous ferez la retraitte; à l'effort de vos mains
Ie laiſſe à ſouſtenir les premiers des Romains.

SOLDAT.

En ce lieu noſtre foy vous ſera teſmoignée.

GARAMANTE.

Romains, à moy, Romains, ceſte ville eſt gagnée.

SOLDAT ROMAIN.

Courage, compagnons.

GARAMANTE.

Suiuez moy ſeulement.

SOLDAT CARTAGINOIS,

Ah! traiſtre à ton païs, eſt-ce là ton ſerment?

GARAMANTE.

GARAMANTE.

Ie viens, du Gouuerneur punir l'ingratitude,
Ou par la mort de tous, ou par la feruitude.
Scipion me rendra ce qu'on m'auoit ofté.

· SOLDAT CARTAGINOIS.

Euffé-je creu de toy cefte defloyauté?

SOLDAT ROMAIN.

Mais ils lafchent le pied; la victoire eft entiere.

GARAMANTE.

Pour ceux qui font aux murs, battons les par derriere.

SCENE CINQVIESME.

HYANISBE EN SOLDAT, ASPAR, ELISE EN SOLDAT, HERAVT ROMAIN, SOLDATS ROMAINS.

ASPAR.

LE traiftre!

HYANISBE.

Il faut mourir. Eft-ce Afpar que ie voy?

D

ELISE.

Sans doute c'eſt Aſpar.

HYANISBE.

     Dieux! Aſpar, eſt-ce toy ?

ASPAR.

Eſt-ce vous, Hyaniſbe? Eſt-ce vous ma Princeſſe?

HYANISBE.

Tay-toy: je ſuis ton maiſtre, & non plus ta maiſtreſſe.
Cache les noms du ſexe en ces armes caché.

ASPAR.

Doncques je trouue enfin ce que i'ay tant cherché.

HERAVT ROMAIN.

Qu'on ſe tienne enfermé, peuple de Cartagene.
Ne cherchez point la mort par vne audace vaine.
Scipion vous apprend, que le Soldat Romain
Aux mutins eſt ſeuere, aux humbles eſt humain.

HYANISBE.

Inconſtance du ſort! triſte viciſſitude!
Voyez d'vn lieu public l'affreuſe ſolitude.
Chacun dans ſa maiſon craintif & reſſerré
Dans l'horreur de la mort deſia ſemble enterré.

ASPAR.

De toutes les horreurs de Mars impitoyable
La priſe d'vne ville eſt la plus effroyable.

ELISE.

Du vainqueur en tremblant ils attendent la loy;
Et ie fens que mon cœur tremble de leur effroy.

HYANISBE.

Nous ne fommes pas feuls que le fort importune.
Elife, c'eft par tout que regne la fortune.
Mais prenons ce loifir, tant que de toutes parts
On ait enuironné ceux qui font aux ramparts.
Vien dans ce lieu couuert, efloigné du tumulte,
Afpar, que ie te parle, & que ie te confulte.

ROMAINS.

Qui de nous en vn iour la croyoit emporter?

HYANISBE.

Les Romains font vainqueurs, rien n'eft à redouter.
Elife, cependant faites la fentinelle.
Hé bien donc, cher Afpar, mon Efcuyer fidelle,
Comment te voy-je icy?

ASPAR.

         Quand fans vous aduertir
Le trompeur Garamante eut le cœur de partir,
Quittant à l'impourueu nos Ifles bien-heureufes;
Et que, vous conoiffant pour des plus valeureufes,
Le traiftre, pour courir feurement fur les eaux,
Eut brulé dans le port la plufpart des vaiffeaux:
En vain pour le punir vous couruftes aux armes,
Ie vous vis en fecret refpandre mille larmes;

       D ij

Et m'eftonnay de voir de douleur abbatu
Ce cœur fi genereux, fi remply de vertu,
Ce cœur, qui d'vn beau coup vous faifoit à la chaffe
D'vn lyon irrité dompter la fiere audace :
Ie fus, je le confeffe, auffi-toft confirmé
Au foupçon que j'auois que vous l'auiez aymé.
En fuite vne rumeur fut par l'Ifle efpanduë,
Qu'on ne vous trouuoit point, que vous eftiés perduë;
Et fçachant voftre cœur à l'amour afferuy,
Auffi-toft je jugeay que vous l'auiez fuiuy.
Aux reproches foudain contre vous ie m'emporte,
De m'auoir mefprifé pour vous feruir d'efcorte :
Puis le foin de vous fuiure emportant mon courroux ,
Ie m'embarque à l'inftant, pour courir aprés vous.
En deux jours je paffay toute l'onde Atlantique;
l'abborde en terre ferme, & cours toute l'Afrique;.
Mais plus foigneufement le malheureux climat,
L'infame Numidie où nafquit cét ingrat.
Là je fceus que Syphax, allié de Cartage ,
Auoit pour vn fecours enuoyé ce volage.
Dans Cartage j'appris qu'il eftoit en ces lieux :
I'y vins, & ce perfide enfin s'offre à mes yeux.
Alors pour le plus feur je voulus vous attendre ,
Croyant qu'en le cherchant vous pourriez vous y rendre;.
Mais fur fes actions je veillay peu de jours,
Que j'appris du trompeur les nouuelles amours.

HYANISBE.

Tay-toy, je fçay le refte : appren mon auanture,.
Il eft vray, je l'aymois, cét ingrat, ce parjure.
Mais du defpit que i'eus pour vn fi lafche tour,.
Alors qu'il me quitta , ie quittay fon amour.

Ie n'auois pas appris dedans mon Iſle heureuſe,
Combien la foy Punique eſt choſe dangereuſe.
Donc je conſideray ſes ſermens violez,
Son depart ſans adieu, tant de vaiſſeaux brulez :
Mais je ne pûs ſouffrir que pour perdre ma gloire
L'impudent ſe vantaſt d'vne fauſſe victoire;
Et qu'il eut publié qu'il alloit s'eſloigner,
Ayant gagné de moy ce qu'il vouloit gagner.
Soudain je ſentis naiſtre en mon noble courage
Vn violent deſir de venger cét outrage;
Et d'vn contraire feu la hayne me brulant,
Il faut, ce dis-je alors, punir cét inſolent.
Venge-toy, trop credule, ou romps tes deſtinées :
Venge le deshonneur des Iſles fortunées;
Du ſejour bien-heureux, ou juſques aujourd'huy
L'on n'auoit veu jamais d'autre trompeur que luy.
Ta main te ſuffira. Soudain je me deſguiſe;
Ie m'embarque, & ne prens pour eſcorte qu'Eliſe;
Ie fay tout le chemin que tu m'as raconté.
A la fin je me rens deuant ceſte cité.
I'ay veu que des Romains elle eſtoit inueſtie.
I'ay ſceu que Garamante auoit fait la ſortie;
Mais ne pouuant ſi toſt entrer dedans ce lieu,
I'ay veu ce Scipion, ce jeune demy-Dieu,
Ce courtois Empereur, en qui le Ciel amaſſe
La valeur, la beauté, la ſageſſe, & la grace.
I'ay dit, eſcoute-moy, vaillant chef des Romains;
Promets de me remettre vn traiſtre dans les mains,
Si tu peux en vainqueur entrer dans ceſte ville,
Et je te vouë vn bras qui te peut eſtre vtile.
A peine à mon deſir s'accordoit l'Empereur,
Qu'on luy vient preſenter ma haine & mon horreur:

D iij

C'estoit, le croirois-tu, mon traiftre Garamante.
Scipion, a-t'il dit, cefte place importante
Sera fous ton pouuoir dans vne heure au plus tard,
Si tu veux du butin me donner vne part.
Sa demande accordée, alors il continuë.
Maintenant que la mer vers les murs diminuë,
On les peut approcher n'ayant l'eau qu'aux genoux:
Ils ne font point gardez, & fans donner de coups
Vous prendrez cét endroit, dont ils n'ont point de crainte.
Doncques fous ma conduite entreprenez fans feinte.
Ie vous garantiray de tous les accidens;
Et lors que vous ferez poffeffeur du dedans,
Vous me ferez prefent d'vne beauté que j'ayme.
Ah! traiftre, double traiftre, ay-je dit en moy mefme;
Et traiftre à ton païs, & traiftre à mon amour;
Qui me doit empefcher de te priuer du jour?
Ie voulois de ma main le punir tout à l'heure:
Toutefois attendant l'occafion meilleure,
Et voyant Scipion approuuer fon aduis,
Luy donner des Soldats, je les ay tous fuiuis.
Ce Chef pour fon deffein en mefme temps ordonne,
Que des autres coftez vn grand affaut fe donne;
Ainfi fans eftre veus, nous fommes tous entrez,
Et fans eftre d'aucuns jufqu'icy rencontrez.
Mais, Afpar, c'eft affez, fuiuons ce Garamante,
Qui fe croit loin de nous, preft d'auoir fon amante.
Allons, allons venger fur ce Numidien,
L'honneur de mon païs, & la honte du fien.

ASPAR.

Voftre cholere eft jufte, il faut punir ce traiftre.

SCENE SIXIESME.

SCIPION ET SES SOLDATS.

GRACES aux immortels, doncques j'en suis le maistre.
Ce superbe arcenal, de tant d'armes fourny,
Seruira pour dompter ceux qui l'auoient muny;
Et je pense, animé d'vn esprit prophetique,
Prendre dans Cartagene, & l'Espagne, & l'Afrique.
Tant d'illustres captifs, d'armes & de tresors,
Seront dés auiourd'huy le prix de nos efforts.
Mais pense, Scipion, dans ton heur, à ta gloire ;
Et sçache noblement vser de la victoire.
Compagnons, faisons voir à ce peuple estranger,
Que c'est sous la vertu qu'ils se doiuent ranger;
Et faisons publier par ceux de Cartagene,
La valeur, la sagesse, & la douceur Romaine.
L'Espagne qui gemit sous vn double pouuoir,
Doute encore quel maistre elle doit receuoir.
Monstrons quelle vertu nos armes accompagne,
Et prenant Cartagene acquerons-nous l'Espagne.
Nous pouuons de nos bras espargner les efforts;
Et gagnant tous les cœurs, nous aurons tous les corps.
Vous, dont les legions estiment la sagesse,
Martian, moderez la plus prompte jeunesse.
D'vne ardeur insolente empeschez les rigueurs.
Ayez soin des vaincus, j'auray soin des vainqueurs;

MARTIAN.

Genereux Empereur; fçachez que voftre armée
De vos feules vertus femble toute animée:
Celuy que la fureur commence d'efmouuoir,
Si toft qu'il penfe à vous, rentre dans fon deuoir.

SCIPION.

Ayez foin des captifs: les vainqueurs doiuent croire
Qu'en domptant leurs defirs ils ont double victoire.
Cependant il nous refte vn affaut à donner.
C'eft là que nos trauaux fe doiuent couronner.
Romains, gagnons le fort, & que nul ne s'engage
Dans le lafche deffein de courir au pillage.

SOLDAT ROMAIN.
Suiuons noftre Empereur.

SCENE SEPTIESME.

ORCADE SORTANT DV TEMPLE,
SOLDATS ROMAINS, OLINDE AVSSI
SORTANT DV TEMPLE.

ORCADE.

Quel bruit ay-je entendu?

SOLDAT ROMAIN.
Au fort, Romains, au fort.

ORCADE.

ORCADE.

Helas! tout eſt perdu.

OLINDE.

Madame!

Qu'eſt-ce donc?

ORCADE.

Les Romains dans la ville.

OLINDE.

O Dieux! ah! malheureuſe, ou fera ton aſyle?
Princeſſe infortunée, ah! comment pourras-tu
Du vainqueur outrageux garentir ta vertu?
Helas! du doux eſpoir dont l'on t'auoit flattée,
En quel gouffre de maux es-tu precipitée?
O Ciel, par tant de vœux imploré vainement,
Sauue au moins mon honneur, & fauue mon amant.
Pauure Prince, ah! fans doute il eſt mort à ceſte heure;
Seule en proye aux malheurs maintenant je demeure.

ORCADE.

Ah! fauuez-vous, Madame.

OLINDE.

Helas! ou me fauuer?
Quel lieu de feureté pourray-je icy trouuer?

ORCADE.

Ce temple nous fuffit: ces lieux font des aſyles.

OLINDE.

Quoy? ce temple ou j'ay fait tant de vœux inutiles?

E

Ce Temple, dont les Dieux fans force ou fans pitié,
Font voir tant de foiblefle, ou tant d'inimitié ?

ORCADE.

La puiflance des Dieux, des hommes adorée,
Bien plus par les vainqueurs doit eftre reuerée.

OLINDE.

Helas! pour arrefter l'ardeur des conquerans,
Les images des Dieux font de foibles garans.
Les vainqueurs ont pour eux les Deïtez celeftes,
Pour les triftes vaincus tous les lieux font funeftes.

ORCADE.

Renfermez-vous au moins dedans voftre maifon.

OLINDE.

Ie perds en cét effroy l'efprit & la raifon.
Mais cherchons Lucidan, courons vers les murailles.
Ie veux de mon trefpas orner fes funerailles.

ORCADE.

Ah! demeurez, Madame, arreftez ce tranfport.

OLINDE.

Orcade, laiffe-moy, je veux fuiure fon fort.

ORCADE.

Penfez pluftoft à vous fans tant d'inquietude.

OLINDE.

Mais d'où vient ce filence & cefte folitude ?

Nul ne paroiſt icy, ny vaincu, ny vainqueur.

ORCADE.

Ils ſont tous vers le fort.

OLINDE.

Cher ſoucy de mon cœur,
Tandis que ceſte treue eſt encore donnée, .
Vien reuoir, ſi tu vis, Olinde abandonnée:
Fais-toy voir à mes yeux, & me viens ſecourir.
Ah ! ceſſe d'eſperer, Olinde, il faut mourir.
Foible & triſte Vertu, qu'as-tu pour te deffendre?
Les Dieux ne veulent point, ou ne peuuent t'entendre;
Et le Sort inſolent, malgré les eterniels,
Traitte les innocens comme des criminels.
Pluſtoſt qu'eſtre expoſée aux fureurs de la guerre,
Maintenant que ne ſuis-je au centre de la terre?
Si ie ſuis innocente, ô Sort, quelle eſt ta loy?
Et ſi ie ſuis coupable, ô Dieux, foudroyez-moy.

ORCADE.

N'irritez point les Dieux.

OLINDE.

Il eſt vray, chere Orcade;
I'ay tort, & ma fureur rend mon eſprit malade.
I'ay tort de murmurer contre les Deïtez:
C'eſt noſtre vnique eſpoir dans les aduerſitez.
Chaſte ſœur d'Apollon, pardon, pure deeſſe,
Diane, c'eſt à toy que ma plainte s'addreſſe.
Vien ſauuer mon honneur de la fureur de Mars:
Vien, pour le conferuer parmy tant de hazards,

E ij

M'infpirer ce qu'il faut d'efprit & de courage;
Ou vien m'enüeloper de l'ombre d'vn nuage.
Vien auec elle, Amour, te joindre à mon cofté:
Puis que mon feu s'accorde auec la chafteté.
Tous deux, l'arc en la main, de vos traits redoutables.
Chaffez des infolens les ardeurs deteftables.
Mais quoy? pour m'affifter il me fuffit d'vn Dieu;.
I'ay befoin de fecours encor en autre lieu:
Sauuez mon Lucidan, la gloire de noftre aage;
Qu'entre deux Deïtez tout ce foin fe partage:
L'vn fauue mon honneur, & l'autre mon efpoux..

ORCADĒ.

I'entens du bruit, Madame, helas! fongez à vous..
Demeurer en ce temps au milieu de la ville?

OLINDE.

Regagnons le logis, ton confeil eft vtile;
Là je pourray me rendre arbitre de mon fort..
Ou reuoir Lucidan, ou me donner la mort.

FIN DV SECOND ACTE..

SCIPION.

ACTE TROISIESME.

SCENE PREMIERE.

GARAMANTE, OLINDE.

GARAMANTE SEVL.

BIEN qu'il fut mon riual, ſa valeur, ie l'auouë,
Dans vn tel deſeſpoir merite qu'on la louë :
Ayant à ſouſtenir contre les plus ardans,
Et l'effort du dehors & celuy du dedans.
Mais ie croy que ſon ame eſt au royaume ſombre,
Ou qu'au moins des captifs il augmente le nombre.
Vn ſeul point maintenant me reſte à deſirer,
C'eſt de trouuer Olinde, & de m'en aſſeurer,
Auant que des Romains la troupe furieuſe
Iette ſur le butin la main victorieuſe.

E iij

Elle n'ouurira point sinon en l'abusant.
l'ay veu son beau trauail dont elle a fait present,
L'escharpe, & sur ce mot il faudra qu'elle croye
Que Lucidan vers elle en ce trouble m'enuoye.
Ouurez , c'est Garamante.

OLINDE PARLANT DV BALCON.

Ah ! qu'est-ce que j'entens ?

GARAMANTE.

Madame, descendez,ne perdez point de temps.
Venez & me suiuez ; si vous auez enuie
De sauuer vostre honneur ,auecques vostre vie.

OLINDE.

Lucidan est-il mort ?

GARAMANTE.

Non , chassez vostre ennuy.

OLINDE.

Ie suiuray Lucidan ,mais nul autre que luy.

GARAMANTE.

Ce vaillant Prince encore est maistre d'vne porte,
Et me renuoye icy pour vous seruir d'escorte:
Tout est perdu ,tout cede à la fureur des coups ;
Il a ses cheuaux prests, & n'attend plus que vous.

OLINDE.

Dur combat de mon ame ! Olinde infortunée,
A quoy te veut garder ta dure destinée ?

Helas, cher Lucidan, de peur d'vn plus grand mal,
Seray-je donc reduite à suiure ton riual?

GARAMANTE.

Madame, haftez-vous, le peril eft extrefme.
Ie crains pour voftre honneur bien plus que pour moy-mefme.
Ne me redoutez point, je cede à la raifon :
Par elle mon amour reçoit fa guerifon.
Si ie puis vous fauuer de quelque violence,
Le bien de vous feruir m'eft trop de recompenfe.
Sçachant qu'à Lucidan voftre cœur eft promis,
I'ay voulu deformais eftre de fes amis.
Au moins ne croyez pas, Princeffe, que je feigne,
L'efcharpe, pour me croire eft le mot & l'enfeigne.

OLINDE.

Peut eftre qu'il me trompe, & de peur je fremy:
Mais fuiuons vn amant, pluftoft qu'vn ennemy.
Garamante eft vaillant; vne ame genereufe
Au fexe eft fecourable, & non pas dangereufe.
Verray-je Lucidan? m'en donnez-vous la foy?

GARAMANTE.

Oüy, je jure les Dieux.

OLINDE.

O Dieux, affiftez-moy.
Allons donc, ie vous fuy.

GARAMANTE.

Pour faire ouurir la porte,
Il falloit amufer fon efprit de la forte.

SCIPION.

OLINDE DEHORS.

Orcade ſuiuez-moy.

GARAMANTE.

Ie change de diſcours.
Belle Olinde, eſcoutez l'effect de mes amours.
Sçachez qu'ils ont cauſé le malheur de la ville.
Voyant que ie brulois d'vne ardeur inutile,
Que l'heureux Lucidan vous eſtoit deſtiné,
Que de tous, dans mes feux, i'eſtois abandonné,
En mon extreme mal, l'amour qui me poſſede
M'a conſeillé d'vſer d'vn extreme remede.
I'ay cherché Scipion, mais auec ceſte loy
Qu'en luy liurant la ville, il vous liuraſt à moy.
Scipion dans ces murs eſt maintenant le maiſtre,
Et vous eſtes à moy.

OLINDE.

Quoy? ie ſuis à toy? traiſtre,
Traiſtre, ie ſuis à toy? comble de mes douleurs!
Quoy? mon eſprit fecond à feindre des malheurs,
Dans la plus grande horreur d'vn ſac eſpouuantable
N'auoit peu conceuoir vn mal ſi deteſtable.
Quoy? ie ſerois à toy? pluſtoſt, monſtre enragé,
Dans ton perfide ſang ce fer ſera plongé;
Ce fer, qui doit verſer mon ame toute pure,
Deliurera ton corps de la tienne pariure.
Va, des Roys Afriquains le reproche eternel.

GARAMANTE.

L'excez de mon amour me rend donc criminel?

Pour

Pour eftre trop fidelle, on m'appelle perfide?
Frapez ce malheureux, frapez, belle homicide,
Rendez tous vos amans jaloux de mon trefpas;
Mais au moins, fans m'ouïr, ne me condamnez pas.
Quoy? l'on vous donne à moy pour le prix d'vne ville,
De mon heureux Riual le fauorable afyle,
Ou, fimple, je feruois mes ennemis couuers?
I'euffe, pour vous auoir, vendu tout l'Vniuers.
Pluftoft que de vous voir à mes flames rauie,
I'euffe de mes Parens abandonné la vie,
Des Dieux & des humains tous les droits violez.
Vous ne fçauez donc pas le prix que vous vallez?

OLINDE.

Deteftable fureur de feux illegitimes!
Va, ne me preten pas pour le prix de tes crimes.
Confidere, infenfé, l'honneur que tu me fais,
D'efperer mon amour à force de forfaits.
A la feule vertu la vertu s'abandonne.
Ainfi pouuois-tu plaire à quelque Tyfiphone.
Ne te doy-je donc point rendre grace à genoux?
D'auoir rompu ta foy, fait mourir mon efpoux,
Rendu cefte Cartage vne Scene tragique,
Et remply de malheurs & l'Efpagne & l'Afrique?
Pefte de ton Païs, & l'horreur des humains,
Vn autre prix que moy t'eft deu par les Romains.
Ofte toy de ma veuë, infame Parricide,
Infecte d'autres lieux de ta rage perfide.

GARAMANTE.

Plus je caufe de maux, plus je pretens d'honneur:
Au prix de ces malheurs j'achepte mon bon-heur.

F

SCIPION.

Quoy donc? Rome & Cartage, en se faisant la guerre,
Pourront bien, pour regner, troubler toute la terre,
Et je n'oseray pas pour mon affection,
Ce qu'elles oseront pour leur ambition?
Donc elles pourront bien ruiner tant de Princes,
Bruler mille citez, rauager cent Prouinces,
Et je n'oseray pas, n'ayant autre recours,
Immoler vne ville à l'heur de mes amours?
La force & l'artifice ont sur tout l'auantage :
Toute chose icy bas entr'eux deux se partage :
En la guerre, en l'amour, tout succombe aux efforts,
Des esprits les plus fins, ou des bras les plus forts.

OLINDE.

Mais toute la Noblesse, ou Punique, ou Romaine,
Sacrifie à l'Estat & sa vie & sa peine :
L'honneur de leur Païs est leur souuerain bien ;
Et ta noire fureur deshonore le tien ;
Tu le perds, tu le vends; & te rendant infame,
Tu portes dans l'Afrique & le fer & la flame.

GARAMANTE.

Mon Païs ne m'est rien, de vous estant vainqueur.

OLINDE.

O! le noble moyen, pour vaincre vn noble cœur!
Alors que tu fis voir tes trahisons escloses,
Pour ne rien acquerir tu perdis toutes choses,
Ton Païs, ton honneur, ton repos pour jamais :
Perfide, oseras-tu voir le iour desormais?
Cherche, cherche la mort de toutes la plus prompte:
Quel antre assez obscur pourra cacher ta honte,

Des Afriquaîns l'horreur, des Romains le mespris?

GARAMANTE.

De tout ce que ie perds vous en ferez le prix.
Vous ferez mon Païs, mon honneur, ma loüange.
Pour vous feule, mon cœur donne tout en efchange.
Ie feray trop content en viuant auec vous;
Et mon bon-heur encor fera trop de jaloux.
Les heureux font toufiours jugez les plus habiles.
Mais je perds trop de temps en difcours inutiles.
Vous eftes mienne, Olinde, ou de force, ou d'amour.

OLINDE.

Pluftoft d'vn coup mortel je vay perdre le jour.

SCENE SECONDE.

LVCIDAN, OLINDE, GARAMANTE,

ORCADE.

LVCIDAN.

ME voicy donc à temps : cefte main vengerefte,
Payant tes trahifons, fauuera ma Princefte.

OLINDE.

Ah, Dieux! c'eft Lucidan.

F ij

LVCIDAN.

Sorty de mille mains,
Malgré ta perfidie, & malgré les Romains,
Me voicy pour punir ta damnable furie ;
I'immoleray ton fang au fang de ma Patrie.

GARAMANTE.

Ne te vante point tant & repren tes efprits.
Olinde eft du combat le tefmoin & le prix.

LVCIDAN.

Apres tes lafchetez as-tu quelque courage ?

GARAMANTE.

Appelle, fi tu veux, ma valeur vne rage ;
Pren garde fi ie fuis vn mauuais combattant.

OLINDE.

Dieux ! aydez la vertu.

LVCIDAN.

Tu recules, pourtant.

SCENE TROISIESME.

OLINDE, ORCADE.

OLINDE.

QVe je crains des combats la fortune diuerfe.
Il cede, & Lucidan de fes coups le renuerfe.

SCIPION.

ORCADE.

Mais j'entens des Romains venir vers ceſte part.
Rentrons dans la maiſon, noſtre honneur court hazart.

OLINDE.

Mon honneur, mon Amour, helas! que doy-je faire?
Chacun me tire à ſoy d'vn mouuement contraire.
Laiſſeray-je vn amant ardent à me venger?
Mais laiſſeray-je auſſi mon honneur en danger?
Depuis quand, mon amour, es-tu ſi miſerable,
Que tu ſois de l'honneur deuenu ſeparable?
Mon cœur, ſeparons-nous en ce triſte moment.
Laiſſe ſauuer l'honneur, vole apres mon amant.
A quoy doncques faut il que mes pieds obeïſſent?
Mon cœur & ma raiſon l'vn l'autre ſe trahiſſent.
Quoy? je ſuis incertaine en ce lieu hazardeux?
Et ne fais aucun choix en voulant tous les deux.
Ma pudeur, mon Amant, helas! helas! ie tremble.
En voulant tout ſauuer, nous perdrons tout enſemble.

ORCADE.

Garamante reuient. Madame, ſauuons-nous.

OLINDE.

Il reuient! c'en eſt fait, j'ay perdu mon Eſpoux.

F iij

SCENE QVATRIESME.

GARAMANTE, HYANISBE, ASPAR,

ELISE.

GARAMANTE.

IL ne peut eschaper, les Romains l'enuironnent:
Mais fuiuons le conseil que nos desirs nous donnent.
Asseurons-nous d'Olinde, & faisons par douceur
Qu'elle suiue sans peine vn juste possesseur.
Mais je perds tout mon sang. Vne mortelle glace.

HYANISBE.

En fin je l'ay trouué.

GARAMANTE.

M'arreste en ceste place;
Et l'horreur de mon crime, errant deuant mes yeux,
Me fait voir à regret la lumiere des Cieux.
I'abhorre ta fureur, trahison inutile,
A moy-mesme fatale autant qu'à ceste ville.

HYANISBE.

Escoutons.

GARAMANTE.

Qu'ay je faict? puisque par mon destin,
Olinde va d'vn autre estre l'heureux butin?

Funeſte trahiſon, à l'Eſpagne, à l'Afrique,
Qui mettra ma memoire en la haïne publique.
Les coups qui m'ont percé ſe font bien moins ſentir
Que les coups que me donne vn cuizant repentir.
Ie meurs plein de regrets, dans vne rage extréme,
Deteſtable aux humains, deteſtable à moy-meſme.
I'ay trahy mon honneur, ma vie, & mon Païs.

HYANISBE.

Traiſtre, conte tous ceux que ton ame a trahis.

GARAMANTE.

Dieux ! que voy-je ?

HYANISBE.

Entre tous conte moy la premiere.
Sans ceſte trahiſon ta foy ſeroit entiere.

GARAMANTE.

Hyaniſbe eſt-ce vous ?

HYANISBE.

As tu peu retenir
Mon viſage & mon nom dedans ton ſouuenir ?
Peſte de l'Vniuers, qui femes les diſgraces,
La ruïne, & l'horreur, quelque part où tu paſſes.
Oüy, tu vois Hyaniſbe; & contre ton eſpoir
Tu vois ce que jamais tu ne penſois reuoir.
Mais, trop vain, ne crois pas que l'amour m'accompagne :
L'ardeur de me venger m'a conduite en Eſpagne;
Cherchant en mille lieux ce qui m'eſt en horreur :
Mais j'ay pris ce trauail, pour punir mon erreur

Trop simple d'auoir creu tes paroles pressantes,
Sources du premier crime aux Isles innocentes.
Et si le juste Ciel n'a preuenu mon bras.

GARAMANTE.

Ah! laissez-moy mourir.

HYANISBE.

    Oüy, traiftre, tu mourras:
Ce fera de ma main, fi ce n'eft de tes playes:
Mais auant que mourir, je veux que tu me payes
Tous les traits douloureux que tu me fis fentir,
Quand ton perfide cœur t'obligea de partir.
Au moins, cœur fans pitié, cœur plus dur que les roches,
Sois fenfible à tes maux, meurs parmy les reproches.
Te donne encor le Ciel vn refte de momens,
Pour fouffrir cent remors de cent lafches fermens,
Auant qu'aux noirs Enfers les triftes Eumenides
Te donnent les tourmens ordonnez aux Perfides.

GARAMANTE.

Ah! laissez-moy vous dire vn adieu pour iamais.

HYANISBE.

Tu fçays donc dire adieu?

GARAMANTE.

    Dieux! que je meure en paix.

HYANISBE.

En paix? pourquoy, cruel, ne m'y laiffois-tu viure?
Pourquoy de telle ardeur me venois-tu pourfuiure?

          A quoy

A quoy tant de difcours, de foupirs & d'appas,
Pour acquerir vn bien que tu ne voulois pas?
Alors par vne amour, ou feinte, ou languiflante,
Tu jettois de vrays feux dans mon ame innocente;
Tu troublois mon repos, traiftre, tu le fçays bien:
Tu te plains maintenant que je trouble le tien.
Oüy, je le veux troubler; & c'eft pour cefte guerre
Que fans peur i'ay pafsé tant de mer & de terre.

GARAMANTE.

Ah ! que i'ay de douleurs!

HYANISBE.

Ah! que j'ay de plaifirs!
Doux fruit de mon voyage! heur de tous mes defirs!
Le fauorable Ciel a donc oüy mes plaintes:
Tu fens de mes propos les cuifantes attaintes.

GARAMANTE.

Mais, Hyanifbe, enfin, que vous ay-je emporté?

HYANISBE.

Tu ne pûs, il eft vray, vaincre ma pureté.
Et bien que dans mon Ifle, & dans la Numidie,
Employant le menfonge apres la perfidie,
Ton impudence vaine ayt triomphé de moy,
Tu fçays que la vertu fut mon vnique loy.
Des refus defguifez je ne fceûs point l'vfage.
Sans le fecours de l'art Nature me fit fage.
Que fi de ma pudeur i'euffe perdu l'efclat,
Iamais je n'euffe erré dans vn autre climat:

G

Moy-mefme, fans furuiure à ma honte infinie,
Et fans plus te chercher je me fuffe punie.
Toy feul de ton honneur as le luftre terny,
Doncques le criminel doit feul eftre puny.
Par tes humbles douceurs, par ton traiftre langage ,
Tu defrobas mon cœur, tu n'eus rien dauantage :
Tu penfois l'emporter, de nos Ifles vainqueur :
Mais vn noble defpit m'a fçeu rendre mon cœur .

GARAMANTE.

En fin je fuis vn traiftre, hé bien, je le confeffe.

HYANISBE.

Tu le fçays, mais je veux te le dire fans ceffe.
Traiftre, ce nom te cuit: traiftre, le fens tu bien ?
Ton difcours fit mon mal, mon difcours fait le tien.
Mais pour tes faux propos, mes paroles font vrayes,
Tu dois mourir de rage, & non pas de tes playes.
Sçache, c'eft deformais ta hayne que je veux:
Enfante contre moy de deteftables vœux :
En mots iniurieux change ta trifte plainte :
Tu feignis de m'aymer, mais haï moy fans feinte.
Si ta fauffé amitié fit naiftre mon tourment,
Ta hayne veritable eft mon foulagement.

GARAMANTE.

O rigueur importune !

HYANISBE.

O bouche criminelle !
Ainfi nomme vn voleur la Iuftice cruelle.

SCIPION.

Mais quel est ton espoir ? quand je t'aurois quitté,
Crois-tu te voir ailleurs moins rudement traitté ?
Est-il endroit au monde ou s'ignorent tes crimes ?
Pretens-tu du repos dans les tristes abymes?
Tout te deteste icy ; là bas en cét instant
Desia Minos est prest, ton suplice t'attend ;
Et quand tu serois seul jusqu'au soupir extresme,
Tu serois sans pitié le bourreau de toy-mesme :
Mais des maux que tu sens auant que de mourir,
Ie n'en ayme que ceux que je te fay souffrir.
Entens tes beaux surnoms, traistre, peste publique,
Monstre le plus cruel qu'ait engendré l'Afrique.

ASPAR.

Dans l'ombre de la mort ses yeux semblent noyez.

ELISE.

Ah ! Madame, il se meurt.

HYANISBE.

O Dieux ! vous le croyez ?
Non, il n'expire pas, c'est la ruse du More :
Dans les bras de la mort le trompeur feint encore.
Ne pouuant plus souffrir vn si pressant ennuy,
Le traistre fait le mort, pour m'esloigner de luy.
Mais je le pourfuiuray jusques à tant qu'il meure.

ASPAR.

Voyons si de chaleur vn reste luy demeure.

HYANISBE.

Retirez-vous, Aspar, ah ! ne le touchez pas :
Qu'il nous soit en horreur, mesme apres son trespas.

G ij

Iamais le Ciel ne manque à venger l'Innocence:
En monftrant fa juftice il monftre fa puiffance.
Pouuoit-il, en l'offrant à mon jufte courroux,
Eftre pour luy plus rude, eftre pour moy plus doux?

SCENE CINQVIESME.

PHORBAS, HYANISBE, ASPAR, ELISE.

PHORBAS.

MAis en vain je le cherche, il eft hors des murailles.

HYANISBE.

Ie vous cognois, venez faire fes funerailles.
Il fortit de chez moy par vne trahifon,
Son âme par vne autre a laiffé fa prifon.

PHORBAS.

O Dieux! c'eft Hyànifbe. Helas! voy-je mon maiftre?

HYANISBE.

Trop fidelle efcuyer, pour vn Prince fi traiftre.

PHORBAS.

Quel fpectacle! mon maiftre. Ah! que i'ay de douleur!
Il le faut emporter, il a quelque chaleur.

HYANISBE.

Ah! bons Dieux, que ie fens mes douleurs foulagées!
Mes Ifles, mes Amours, vous eftes bien vengées.

FIN DV TROISIESME ACTE.

SCIPION.

ACTE QVATRIESME.

SCENE PREMIERE.

LVCIDAN.

DONC, encore vne fois, & par force & par rufes,
l'ay franchy des Romains les brigades confufes.
Ie puis chercher Olinde, & luy donner fecours
Iufqu'au dernier moment de mes malheureux jours,
Dieux, que je meure aux pieds de celle que j'adore,
Si de nos ennemis nul ne l'a prife encore.
Toutesfois, Immortels, je vous veux reclamer :
Pour le moins d'entre vous ceux qui fceurent aymer :
Affiftez deux amans ; & par quelques miracles
Faites que du malheur ils domptent les obftacles.
Mais la force me manque, & du fang que je pers,
Et de l'effort des coups & donnez & fouffers.

G iij

O foibleſſe importune, au moins ſouffre, traiſtreſſe,
Que je baiſe en mourant les pas de ma Princeſſe.
J'eſtois preſt de la voir : comment le cruel ſort
S'eſt pleu juſqu'à ce temps à ſuſpendre ma mort?
Eſcharpe, beau trauail d'vne main adorable,
Pardon ſi ie te teins de mon ſang miſerable;
Excuſe mon malheur, doux & riche preſent,
Et ſouffre que je meure au moins en te baiſant.

SCENE SECONDE.

OLINDE, LVCIDAN, ORCADE.

OLINDE DV BALCON.

LA voix de Lucidan arriue à mes oreilles,
O Dieux !

LVCIDAN.

Ah! je reuoy ces diuines merueilles.

OLINDE.

A ce ſenſible objet pourrois-je reſiſter?
Sortons, ah! ma raiſon, ie ne puis t'eſcouter.

LVCIDAN.

Mais ſoudain ce bel aſtre, autrefois fauorable,
Refuſe ſes rayons à mon ſort miſerable.
Quel reconfort me reſte au point de mon treſpas?

OLINDE SORTANT.

Au moins, cher Lucidan, ſans moy ne mourez pas.

LVCIDAN.

Ie vous voy donc encor, lumiere de ma vie.

OLINDE.

Helas!

LVCIDAN.

De quel repos ma mort sera suiuie,
Si dans les champs heureux ie me souuiens là bas
D'auoir eu le bon-heur d'expirer en vos bras?
Douce fin de mes iours, Parque trop fauorable,
D'auoir conduit ma trame à ce point desirable.
Nul donc ne m'a sceu vaincre, & ie quitte le iour,
Malgré l'effort de Mars, dans le sein de l'Amour.
Princesse, mes desirs, cherissez ma memoire:
Ie meurs en vostre sein, plein de joye & de gloire.
Ne venez point troubler mon heur par vos ennuis,
Dites-moy donc adieu. Parlez-moy.

OLINDE.

Ie ne puis.

LVCIDAN.

Olinde, à mon repos ne portez point d'enuie.

OLINDE.

Ah! la douleur m'estoufe & la voix & la vie,
Mais que fay-je, imprudente? Orcade, du secours,
Peut estre n'est-il pas à la fin de ses iours.
Cherche quelque remede vtile à ses blesseures:
Tant de troubles, d'efforts, de tristes auantures,

Ont fans doute efpuifé la force de fon cœur:
De l'eau pour r'animer fa mourante langueur.
Lucidan, de mes jours & la gloire & la joye,
Quoy doncques, aux Romains tu me laiffes en proye?
Tu m'abandonnes donç à la mercy de tous?
Parle à moy, Lucidan, parle à moy, cher Efpoux.

LVCIDAN.

Olinde, oüy, je reuiens. I'ay bien fenty vos larmes.
La mort refpecte encor le pouuoir de vos charmes.
Ie reuiens, ma Princeffe, auant que de mourir,
Plus pour vous dire adieu, que pour vous fecourir.
Ne pouuant vous feruir, je ne fçaurois plus viure.

OLINDE.

Hé bien, fi vous mourez, voicy dequoy vous fuiure.

LVCIDAN.

Les derniers de vos jours ne font pas arriuez.
Arreftez ce tranfport, chere Olinde, viuez;
Et monftrant d'vn grand cœur la force non commune,
Attendez le retour de la bonne fortune.
Voftre beauté diuine, & voftre noble fang,
Vous maintiendront toufiours en vn illuftre rang.
Pour Garamante, au moins fa mort eft affeurée.
Ie croy que cefte main vous en a deliurée.
C'eft tout ce que j'ay peu: pour le chef des Romains,
Ie ne puis vous garder de tomber en fes mains.

OLINDE.

Ie fçauray bien mourir, foit libre, foit captiue,
Et ne feray qu'à vous quelque fort qui m'arriue.

LVCIDAN.

LVCIDAN.

Toutefois Scipion merite bien vn cœur:
Il est beau, jeune, noble, & courtois; & vainqueur.
Si de vous posseder il n'auoit pas la gloire,
Il n'auroit pas sur nous vne entiere victoire.
A sa prise il joindra l'honneur d'auoir domté
De ce grand Vniuers la plus grande Beauté.

OLINDE.

Ah! de tous mes malheurs voicy le plus horrible.
Quelle attainte à mon cœur peut estre plus sensible:
Quoy doncques, Lucidan a bien peu soupçonner,
Que jamais son amour me puisse abandonner?
Puisque de tant de maux ma fortune est suiuie,
Pour guerir ces soupçons abandonnons la vie.
Vien, secourable mort, vien de tes froids glaçons,
En esteignant mes jours, esteindre ces soupçons.

LVCIDAN.

Ah! dieux! n'esteignez pas ces charmes adorables,
Qui trouueront tousiours les vainqueurs fauorables.

OLINDE.

Rien, pour vous asseurer, ne me doit retenir.
I'attendois à vous suiure, il vous faut preuenir.

LVCIDAN.

Non, je ne puis en vous craindre de l'inconstance.
Du vainqueur seulement je craignois la puissance.

H

OLINDE.

Les vainqueurs fur les morts n'auront plus de pouuoir.

SCENE TROISIESME.

LVCIDAN, OLINDE, SOLDATS ROMAINS,

ORCADE.

LVCIDAN.

AH: Princeffe.

SOLDAT.

Ah: Madame, à quoy ce defefpoir?

OLINDE.

O malheur:

SOLDAT.

O beauté du monde la plus rare.

LVCIDAN.

Helas: ce n'eft donc pas la mort qui nous fepare?

AVTRE SOLDAT.

Voicy le feul butin digne de l'Empereur.

LVCIDAN.

Ah: mourons à ce coup.

SOLDAT.

Chaffez cefte fureur.

Mais voicy ce Guerrier, dont l'extreme vaillance
A tenu si long-temps la victoire en balance.

ORCADE.

Que voy-je?

OLINDE.

Vien, Orcade, & pour nous secourir,
Donne-luy dequoy viure, à moy dequoy mourir.

SOLDAT.

Cherchons à ces captifs des retraittes plus seûres.

AVTRE SOLDAT.

Allons en autre lieu pour penser vos blessures.

LVCIDAN.

La mort est de mes maux la seule guerison.

SOLDAT.

Donnez-luy pour luy pour repos la prochaine maison;
Tandis qu'à l'Empereur nous menons la Princesse,
Digne de sa valeur, digne de sa noblesse.

LVCIDAN.

O sensibles propos!

OLINDE.

Ah ! plustost le trespas.

SOLDAT.

Allons, Madame.

OLINDE.

Hé Dieux ! ne nous diuisez pas.

H ij

SCIPION.

AVTRE SOLDAT.

Il le faut.

LVCIDAN.

Ah ! je meurs.

OLINDE.

O cruauté barbare !

LVCIDAN.

Olinde.

OLINDE.

Lucidan.

LVCIDAN.

Quel destin nous separe ?

OLINDE.

Cher Espoux, je suis tienne : asseure, asseure-toy,
Que sans tache là bas j'emporteray ma foy.

SCENE QVATRIESME.

LVCIDAN, SOLDATS ROMAINS.

LVCIDAN.

AH ! rendez ma Princesse, ô fureur inhumaine !
Voylà de beaux explois pour la valeur Romaine.

SCIPION.

A quel excez de rage estes-vous paruenus?
Vous n'estes point sortis du doux sang de Venus,
Maintenant je puis croire, en voyant ceste audace,
Qu'vne louue allaitta l'autheur de vostre race.

SOLDAT.

Il faut tout endurer.

LVCIDAN.

O Soldats valeureux,
Forts par la trahison, aux femmes dangereux,
Ie cognois maintenant l'ardeur qui vous domine:
Non, ce n'est point valeur, c'est amour de rapine.

SOLDAT.

Nous vous permettons tout.

LVCIDAN.

Ah! si vous ne mentez,
Donnez-moy donc la mort, ou me la permettez.
Mais je mourray bien-tost; & j'ay l'ame estonnée
Comment je traine encor ma vie infortunée.
O rage des destins! nagueres j'estois mort.
Qui m'a rendu le jour? & qui me rend si fort?
Quel Dieu m'a peu forcer, d'vne rigueur extréme,
Pour suruiure à mes maux de suruiure à moy-mesme?
Suis-je encore viuant? helas c'est vne erreur:
Rien plus ne me soustient qu'vn reste de fureur,
Estant priué de sang, je suis priué de vie:
Entre les bras d'Olinde elle me fut rauie.
Ah! je perds la fureur, & la force, & la voix,
Et pers aussi le jour pour la seconde fois.

H iij

SOLDAT.

Il le faut emporter, ce n'eſt qu'vne foibleſſe.

SCENE CINQVIESME.

SCIPION, SOLDATS ROMAINS,

LE GOVVERNEVR DE CARTAGENE.

SCIPION.

EN fin nous auons tout, ayant la fortereſſe.
Romains, tout eſt à nous: mais vſons ſagement
Des preſens que le Ciel nous donne largement.
Soit de noſtre bon-heur l'inſolence bannie;
Et loüons des grands Dieux la faueur infinie.
Ce guerrier eſt il mort?

SOLDAT.

Seigneur il ne l'eſt point.
Ses ennuis ſeulement l'ont reduit à ce point.
C'eſt vn Prince Eſpagnol, fameux en ceſte guerre,
Et l'vn des plus vaillans que ſouſtienne la terre.

SCIPION.

Allez donc de vos ſoins ſoulàger ſon malheur:
Qu'il ait vn traittement digne de ſa valeur.
Montons au tribunal.

SOLDAT.

Ce chef qu'on vous amene,
Sous les Cartaginois gouuernoit Cartagene.

LE GOVVERNEVR.

Empereur des Romains, vous voyez deuant vous
Vn chef jadis à craindre, embraſſer vos genoux,
Aſſeuré toutefois des graces qu'il deſire,
Si du fort inconſtant vous conoiſſez l'empire.

SCIPION.

Iuſqu'icy i'ay ſceu vaincre : vn cœur plein de vertu
Sous l'empire du fort ne peut eſtre abbatu.
Ie vous enuoye à Rome annoncer ma victoire.
Soyez, comme teſmoin, meſſager de ma gloire.
Ie n'ordonne, pour vous & voſtre garniſon,
Qu'vn voyage pour peine, & Rome pour priſon:
Pour apprendre aux Romains par ces marques viſibles,
Que les Cartaginois ne ſont pas inuincibles.
Allez; mais Dieux! que voy-ie? ô diuine Beauté!
O charmante triſteſſe! ô douce majeſté!

SCENE SIXIESME.

SCIPION, OLINDE, ROMAINS.

ROMAIN.

O Dievx! qui vid iamais vne grace pareille?

SOLDAT.

Scipion, nous t'offrons ceste rare merueille,
En qui d'vn sang Royal se mesle la splendeur.
C'est là le seul butin digne de ta grandeur.

OLINDE.

Empereur, dont la terre admire la sagesse.

SCIPION.

Leuez vous.

OLINDE.

Vous voyez vne triste Princesse,
Que le sort, dés le iour qu'elle eut de la raison,
Traisne cruellement de prison en prison.
Le Soleil m'eut à peine esclairé dix années,
Que ie sentis les coups des dures destinées.
Deux accidens diuers surprenant mes parens,
Ie souffris deux tuteurs, ou plustost deux tyrans.
Au sortir de leur ioug, le peuple de Cartage,
Ialoux de mes estats, me voulut pour ostage.

SCIPION.

SCIPION.

Regards eſtincellans⸗

OLINDE.

Ie fus miſe en leurs mains,
Et maintenant je tombe en celles des Romains,
Mais pourquoy deuant vous me dis-je miſerable?
La fortune commence à m'eſtre fauorable;
Et me donnant le bien d'embraſſer vos genoux,
Me preſente vn vainqueur & plus juſte & plus doux.
Si mon ſexe & mon ſang, tant que ie fus oſtage,
Furent bien reſpectez ſous la foy de Cartage,
Que doy-je redouter en ma captiuité,
Du plus ſage Romain que la terre ait porté?

SCIPION.

Princeſſe, retenez ces inutiles larmes;
Et ne redoutez point nos triomphantes armes.
Tout vous ſera gardé, voſtre honneur, voſtre rang;
Quel eſt voſtre païs, & quel eſt voſtre ſang?

OLINDE.

Seigneur, ie ſuis d'Eſpagne, & de race Royale;
Et ie dois ſucceder au Royaume d'Hiſpale.
Mon pere m'eſt reſté, dont les caduques ans
Pour conduire l'eſtat n'eſtant pas ſuffiſans,
Il fallut des Tuteurs ſouffrir la tyrannie,
De deux Roys redoutez dans la Luſitanie;

I

Dont l'auare defir, dangereux à mes jours,
Excita nos voifins à me donner fecours.
Vn Prince à qui je dois le repos de ma vie,
Reconquit ma franchife à leurs loix afferuie:

SCIPION.

Ne craignez rien de nous. Ah! Dieux quelle langueur
Qui me trouble & me plaift, fe faifit de mon cœur ?
Martian, je vous donne à garder la Princeffe:
Allez, & de vos foins foulagez fa triftefe.

SCENE SEPTIESME.

SCIPION.

HELAS! quel nouueau mal eft celuy que ie fens,
Qui furprend ma raifon, & qui trouble mes fens?
Ie rougis, je paflis; je brûfle, & je friffonne;
Mon courage s'efteint, la force m'abandonne.
Quoy? je fay, ce me femble, en fecret quelques vœux;
Et ne fçay toutefois encor ce que ie veux.
J'ay l'efprit inquiet, mon cœur fent vne flame.
Eft-ce vne maladie, ou du corps ou de l'ame?
Toutefois je fuis fain: ferois-je donc charmé ?
Quoy? de nulle vertu je ne fuis animé :
Ie fens naiftre dans moy le mefpris de la gloire,
Et j'ayme ma langueur bien plus que ma victoire.
D'où te vient, Scipion, ce penfer inégal?
Ah! qu'elle eft belle. Hé quoy? feroit-ce là mon mal?
Quoy? je fuis donc bleffé pour l'auoir regardée,
Et mon ame en retient la dangereufe idée.

Mal, incognu de moy jufqu'à ce trifte jour,
Ah! fans doute c'eft toy que l'on appelle amour.
Mais fuyons; quoy? fuyons vne chofe fi belle?
Non, non, Soldats, courez, que l'on me la rappelle.
Mais que luy veux-je dire? ah! quel eftrange effect?
Veux-je luy declarer le mal qu'elle m'a faict?
Au joug de fa beauté foufmettray-je ma tefte?
Et pourray-je fi toft m'auoüer fa conquefte?
Verra-t'elle vn vainqueur ceder à fon pouuoir?
Puis qu'elle m'a blefsé la voudrois-je reuoir?
Mais tay-toy, ma raifon, ceffe d'eftre fi graue
En prefence d'amour dont tu n'es que l'efclaue.
En prefence d'amour? fuis-je donc amoureux?
Et dans cét heureux jour fuis-je fi malheureux?
Oüy, je brule defia pour vn moment de veüe.
Defia de liberté mon ame eft defpouruoüe.
De charmes impreueus effect prodigieux;
Helas! que ces regards m'eftoient contagieux.
Ah! Dieux! elle reuient; & mon ame foumife
Vole pour adorer les yeux qui l'ont conquife.
Ie crains tout, fa beauté, les charmes de fa voix.
Mais ne la voyons point. Voyons-la toutefois.

SCENE HVICTIESME.

OLINDE, SCIPION, ROMAINS.

OLINDE.

Dievx! à quoy refue-t'il?

SCIPION.

Diray-je ma foibleſſe?
Qu'on s'eſloigne de nous.

OLINDE.

Helas!

SCIPION.

Belle Princeſſe,
Que voulez-vous de moy?

OLINDE.

Dieux! l'eſtrange diſcours!
Apres m'auoir mandée.

SCIPION.

Eſt-ce quelque ſecours?

OLINDE.

Seigneur, tandis que Mars regne dans ceſte ville,
Commandez qu'on me mette en quelque ſeur aſyle.

Conseruez mon honneur, c'est tout mon interest.
Sage Empereur, je tremble attendant mon arrest.
Ne me retenez point dans ces rudes allarmes.

SCIPION.

Rien ne peut resister au pouuoir de vos charmes.
Loin de rien perdre icy, vous me gagnez le cœur.
Le vainqueur est à vous, plus que vous au vainqueur,

OLINDE.

De telle ambition mon ame ne se flatte.
Qu'à soulager mon sort vostre grandeur esclatte,
D'vn pitoyable obiect laissez-vous esmouuoïr.

SCIPION.

Quel don demandez-vous qui soit sous mon pouuoir?

OLINDE.

Ma seule liberté, Seigneur, que je l'obtienne.

SCIPION.

Auec la vostre encor je vous offre la mienne.

OLINDE.

Equitable Empereur, c'est trop de la moitié.
Mon sort doit seulement donner de la pitié.
La liberté de Rome a besoin de la vostre.
Si la mienne est trop peu, que i'en obtienne vne autre,
Vn Prince que les Dieux m'ont promis pour espoux,
Digne par sa valeur d'estre estimé de vous.

SCIPION.

Merueilleuſe beauté, qui lancez dans les ames
Pour des traits de pitié des traits de viues flames;
Eſperez tout de moy, diſſipez vos ennuis.
Ie ne puis rien reſoudre en l'eſtat où je ſuis.
Remenez la Princeſſe. Ah! le noble courage!
Et que de Majeſté reluit ſur ſon viſage!
Qui vid jamais dés yeux ſi perçans & ſi doux?
Qu'on la ſerue, ou pluſtoſt qu'on l'adore à genoux.

OLINDE.

Ah! ne m'ordonnez point des honneurs ſans merite.
C'eſt pluſtoſt vne iniure, & mon ſort s'en irrite.
A ſuiure la vertu je borne ma grandeur;
Et je perdray le jour, pluſtoſt que la pudeur.

SCENE NEVFIESME.

SCIPION.

O! REGARDS penetrans, ô! triomphantes larmes,
Captiue, qui domptez nos glorieuſes armes,
Beaux aſtres, mais pluſtoſt deux miracles nouueaux,
Qui reſpandez enſemble & des feux & des eaux,
Sanglots imperieux, prieres adorables,
Orgueilleuſes douceurs, que vous eſtes aymables!
O beauté, ſi jamais je puis fleſchir ton cœur;
Si par le grand eſclat du titre de Vainqueur,

Par ma fidelité de cent nœuds attachée,
Et par mille deuoirs tu peux eftre touchée,
Quel bon-heur à mon fort ofera s'efgaler ?
Et qui d'vn plus beau feu s'eft veu jamais bruler ?
Mais quel trifte penfer, ennemy de ma flame ;
Vient d'vn trouble fafcheux tyrannifer mon ame?
Amour, defirs, efpoirs, agreable prifon,
I'adore voftre empire, & quitte ma raifon;
Ie veux bien que par vous elle foit renuerfée.
Mais tu reuiens encore, importune penfée,
Scipion, me dis-tu, fonge à ce que tu fais:
Pour l'efpoir des Romains font ce là des effects?
Ah! comme les deftins de nos trames difpofent!
A l'heur de mes defirs que d'obftacles s'oppofent.
Il faut me faire aymer, mais encore il faut voir,
Quand elle le voudroit, fi je le dois vouloir,
Fafcheux rang où je fuis, feruitude pompeufe,
Dont l'efclat rend ma vie & noble & malheureufe;
Faut-il au gré de tous regler mes volontez ?
Que par tous les mortels tous mes pas foient contez;
Ainfi que du Soleil la lumiere feconde,
Qui ne peut s'éclypfer qu'aux yeux de tout le monde?
Mais dois-je auffi rougir que l'amour m'ayt furpris?
C'eft le noble Tyran des plus nobles efprits.
Oüy, je te puis aymer, belle & fage Princeffe;
Ie reçoy le prefent que mon deftin m'addreffe.
Quoy donc, de mes trauaux je quitterois le fruit?
Defdaigneux je fuirois le bon-heur qui me fuit?
    Mais helas! je t'entens, feuerité Romaine,
Pour feruir ton pays à toy-mefme inhumaine,
Tu me deffens de perdre vn moment de loifir:
Tu veux que je defdaigne & repos & plaifir,

Et que d'vn ferme cœur indomtable aux delices,
I'euite les appas des Puniques malices,
Que par des foins ardans, & par mille combas
Ie renuerfe Cartage & fon Empire à bas.

　Dur frein de mes defirs, vertu trifte & farouche,
Que fans le bien public nul intereft ne touche,
Qui nul autre plaifir ne nous auez permis,
Et qui faites de nous nos plus fiers ennemis;
Ah! ferez-vous mourir cefte flame naiffante?
Et contre vos rigueurs fera-t'elle impuiffante?
Mon amour, mes defirs, quoy vous vous eftonnez?
Vous eftiez fi brulans & vous m'abandonnez?

　Va, je fuis tes confeils, feuerité prudente:
Domptons par la vertu Cartage l'infolente,
Qui croit de fa grandeur baftir les fondemens.
Sur le honteux débris de mille faux fermens.
Quoy: tandis qu'Annibal faccage l'Italie,
Que par luy noftre gloire eft prefque enfeuelie,
Tandis qu'il eft ardent au trauail nuit & jour,
Ie perdrois donc le temps à faire icy l'amour?
Dés le premier honneur ou mon courage arriue,
On verroit Scipion captif de fa captiue?
Par le premier appaft on le verroit furpris?
O Ciel, je ne veux point de victoire à ce prix.
Ombres de mes parens qui n'eftes pas vengées,
De mon trifte païs campagnes rauagées,
Citez mifes à fac, fideles legions,
Dont le fang eft efpars en tant de regions,
Vous genereux Confuls, ames dignes d'enuie,
Qui dans les champs Latins prodiguaftes la vie,
Et toy, Rome aux abois fous l'orgueil eftranger,
A moy feul appartient l'honneur de vous venger.

　　　　　　　　　　　　　A mes

A mes fatalitez fi long-temps attenduës,
Et l'Espagne & Cartage & l'Afrique font deuës,
Et ce mefme Annibal que je veux atterrer,
Si iamais au combat je le puis attirer. /

Mais, Dieux! qu'elle eft charmante!& quels triftes caprices
Me font abandonner de fi cheres delices?
L'amour n'eft pas vn crime; & fes aymables dards
Peuuent bien fe mefler parmy les traits de Mars.
Helas! plus elle eft belle, & plus elle eft à craindre:
Voudrois-ie fous fa loy ma liberté contraindre?
Et fous vn ioug plaifant lafchement abbatu,
Laiffer dans les langueurs attiedir ma vertu?
Annibal me rend fage; & l'imprudent auouë
Qu'il perdit fa fortune aux plaifirs de Capouë.

Mais auffi fans la voir que puis-ie deuenir?
Ses yeux brillent encor dedans mon fouuenir.
Ils fe monftrent puiffans encore dans mon ame,
Et malgré ma raifon entretiennent ma flame.

Ah! ceffe, Scipion de penfer à fes yeux:
Penfe à toy, penfe à Rome, & penfe à tes ayeux.
Soit de ton cœur douteux cefte amour arrachée.
Sur toy de l'Vniuers la veuë eft attachée.
Rome attend en fufpens fi tu la veux trahir.
Les peuples, à quel maiftre ils doiuent obeïr:
En toy-mefme fe fait cefte importante guerre,
De ce combat defpend tout le fort de la terre.

Vertu de front feuere, & toy, riant Amour,
Qui fous voftre pouuoir m'abbattez tour à tour,
Helas! par vne attaque efgalement cruelle,
Vous me rendez tous deux à moy-mefme rebelle.
Scipion, Scipion, quel vainqueur fuiuras-tu?
Le Plaifir, ou l'Honneur, l'Amour, ou la Vertu?

K

SCIPION.

Ces deux partis font forts de differentes armes;
L'vn a plus de raifons & l'autre plus de charmes:
L'vn fe fait mieux entendre, & l'autre mieux fentir.
Doncques auquel des deux me doy-je affujettir?
Vertu, dont la rigueur tourmente ma penfée,
Tantoft victorieufe & tantoft renuerfée;
Et toy, puiffant Amour, fort de traits & de feux;
Dont l'Empire eft fi doux, qui veux ce que ie veux;
Ou fans l'vn ou fans l'autre, helas! pourrois-ie viure?
Lequel de vous fuiray-ie? où lequel dois-ie fuiure?

FIN DV QVATRIESME ACTE.

SCIPION.

ACTE CINQVIESME

SCENE PREMIERE.

GARAMANTE, PHORBAS.

GARAMANTE.

D E s ombres de la mort, ie reuiens voir le iour,
Et tout percé de coups, i'ay tousiours de l'amour.
Malgré mille remords armez contre moy-mesme,
Malgré ceste Hyanisbe, & sa colere extreme,
Malgré de tant d'humains la haine où le mespris,
Les doux charmes d'Olinde occupent mes esprits.
Ie me soustiens à peine, & ma flame ialouse
Veut qu'auant que ie meure elle soit mon espouse.
Merueilleuse Beauté, desir de tous les yeux,
Ie quitteray content la lumiere des Cieux,

Quand auec la faueur du Vainqueur accordée
Pour le moins quelque temps ie t'auray poſſedée.
Allons vers l'Empereur, ſans tarder vn moment.
Il eſt trop equitable, il tiendra ſon ſerment.
Ou diſois-tu, Phorbas, qu'il tenoit ſa ſeance ?

PHORBAS.

Seigneur, icy n'aguere il donnoit audiance.

GARAMANTE.

Ah ! que i'ay de malheur! nul ne paroiſt icy.
Ou l'iray-ie chercher?

PHORBAS.

Sans doute, le voicy.

SCENE SECONDE.

SCIPION, GARAMANTE, ROMAINS.

SCIPION.

ALLONS au tribunal.

GARAMANTE.

Il vient vers ceſte place.
Il faut que ie l'abborde, & qu'il me ſatisface.
Ce que i'auois promis, Empereur, ie l'ay faict:
De ta promeſſe auſſi ie demande l'effect.

SCIPION.

SCIPION.

Il eſt iuſte,& tandis que la priſe eſt entiere,
Cherchez en quel quartier eſt ceſte priſonniere.

GARAMANTE.

Puis-ie m'en aſſeurer?

SCIPION.

Inutile propos.
Allez. Que l'on me laiſſe vn moment en repos.

ROMAINS.

Eſcartons-nous de luy. Laiſſons-le prendre haleine:
Son eſprit & ſon corps ont aſſez eu de peine.

SCIPION.

L'orage eſt diſſipé: tu triomphes, Vertu:
Sous tes nobles efforts l'amour eſt abbatu.
De ma ſeule raiſon mon ame eſt eſclairée.
Vn feu ſi violent n'a pas eu de durée.
Ie n'ayme plus Olinde, & ſi i'ay de l'amour,
C'eſt ſeulement pour Rome à qui ie dois le iour.
Deux beautez diſputoient l'empire de mon ame:
L'vne brilloit, armée & de grace & de flame,
L'autre d'vn dur acier, vſe de cent combas,
Malgré tous ſes malheurs marchant d'vn graue pas,
Les mains, de ſang, de poudre, & de ſueur couuertes,
Encore menaçante apres toutes ſes pertes.
Rome, ie t'ayme ainſi, ferme dans le danger:
Sous ta loy ie me range, & i'y veux tout ranger.

K iij

Aupres de ta beauté nulle autre ne me touche:
I'ayme ton œil feuere, & ta vertu farouche,
Ta conſtance, ta foy, ta guerriere valeur,
Et ton cœur triomphant meſme dans le malheur.
Auec tous ſes attraits ceſte Olinde eſt moins belle.
L'vne n'aura qu'vn temps, & l'autre eſt eternelle.
Mais puiſque toutes deux ſont en captiuité,
Ie veux à toutes deux rendre la liberté.
Eſtant libre d'eſprit, rendons Olinde libre,
Puis des fers d'Annibal j'affranchiray le Tybre.
Ie la veux voir encore, & ie veux faire voir
Que mon cœur aſſeuré ne craint plus ſon pouuoir,
A noſtre temperance adiouſtons ceſte gloire:
Euiter l'ennemy n'eſt pas vne victoire.
Il le faut abborder, le combatre de prés:
Monſtrons-nous à l'eſpreuue & des feux & des traits.
Valere, Martian me garde vne Princeſſe.
Qu'il me l'ameine icy. Mais Dieux! quelle foibleſſe?
Deſia ie te redoute, abbord plus dangereux
Que ne ſeroit l'aſſaut de cent bras valeureux.
Quoy? de deux yeux diuins l'irrite les puiſſances?
Et qui dans nous encore ont des intelligences?
Mes yeux, encore vn coup vous la feray-ie voir?
Mon cœur en l'attendant commence à s'eſmouuoir.
Voudroit-il me quitter? dans ce danger extréme
Ie n'ay point d'ennemy plus traiſtre que moy meſme.

SCENE TROISIESME.

SCIPION, OLINDE, ROMAINS.

SCIPION.

LA voicy. Quelle grace accompagne ſes pas?
Ah! reſiſte, mon cœur; ne m'abandonne pas.
Vains projets, dont l'audace à mon ame ſeduite,
Quoy donc, vn ſeul regard vous a tournez en fuite?
Dieux! encore vne fois l'amour me vient ſaiſir.
Ie ſens renaiſtre en moy l'eſpoir & le deſir.
Que l'on nous laiſſe ſeuls, que chacun ſe retire.

OLINDE.

Vienne me ſecourir la mort que ie deſire.

SCIPION.

Princeſſe, malgré moy l'amour regne en mon cœur.
I'ay taſché vainement de m'en rendre vainqueur.
Qui ne ſuccomberoit au pouuoir de vos charmes?
Vous me percez le ſein, plus vous verſez de larmes.
Ce ſeul point me conſole en receuant vos coups,
Que vous eſtes à moy comme ie ſuis à vous.

OLINDE.

Seigneur, meure pluſtoſt ceſte triſte captiue,
Qu'à mon honneur iamais la moindre tache arriue.

Monstre-toy du vray sang des sages Scipions,
Dont l'heureux souuenir reste en ces regions.
Si le Ciel me formant ne me fut pas auare,
Pour vn present du Ciel ne me sois pas barbare:
Dompte tes passions comme tes ennemis,
Et me rends à l'Espoux que les Dieux m'ont promis.

SCIPION.

Quel Espoux?

OLINDE.

Lucidan, Roy de Celtiberie.

SCIPION.

Quoy? c'est donc ce guerrier, dont la prompte furie
A rompu ce matin deux de mes legions?
C'est celuy que je dois au sang des Scipions?
Il faut ou que la mort l'arrache à ma victoire;
Ou que de mon triomphe il augmente la gloire.
Mais il se peut sauuer des outrages du sort.
Ie luy donne à choisir, ou la honte, où la mort.

OLINDE.

Conserue-luy, Seigneur & l'honneur & la vie.
Ta valeur est montée au dessus de l'enuie:
Tu dois sans jalousie aymer les valeureux,
Qui peuuent seconder tes desseins genereux.

SCIPION.

Non, non, ceste vengeance est noble & legitime.
De toute ceste guerre il sera la victime.

OLINDE.

Voftre efprit vous trahit, miraculeufe Infante;
Pour me perfuader, ceffez d'eftre eloquente.
N'eftoit-ce pas affez des merueilles du corps,
Sans que l'efprit encor defployaft fes trefors?

OLINDE.

Ne fonge point à moy. Si mon difcours te touche,
Sçache que la vertu te parle par ma bouche.

SCIPION.

Ie le confeffe. Olinde eft la mefme vertu.
Vos vœux font exaucez : mon cœur eft abbatu.
Vous emportez fur moy par deux fois la victoire.

OLINDE.

Ah! Seigneur, eft-il vray? l'oferay-je bien croire?

SCIPION.

Ie me rends à moy-mefme, en vous rendant à vous;
Et je vous rends encor ce bien-heureux efpoux.
Mefme je veux qu'il m'ayme; & l'ombre de mon Pere
Veut bien qu'à vos vertus j'immole ma colere.

OLINDE.

Que i'embraffe vos pieds : que je baife vos mains.
Loin s'eftende par vous l'Empire des Romains.

SCIPION.

Princeffe, leuez-vous : eftes-vous donc contente?

OLINDE.

Dautant plus que mon heur furpaffe mon attente.

SCIPION.

Oüy, je veux furmonter dedans vn mefme jour,
Deux fortes paffions, la vengeance & l'amour.
Vous verrez auiourd'huy la fin de vos miferes.
Romains, amenez-moy le Roy des Celtiberes.
Ce Prince, dans la prife a couru cent dangers:
Il a receu des coups, toutefois fort legers.

SCENE QVATRIESME.

OLINDE, GARAMANTE, SCIPION.

OLINDE.

GARAMANTE viuant ? fon abbord m'a furprife.

GARAMANTE.

Voyla, jufte Empereur, celle qui m'eft acquife ;
Le prix de mes trauaux; Seigneur donnez-la moy,
Et me rendant heureux defgagez voftre foy.

SCIPION.

Dieux ! quel fafcheux ennuy ce traiftre nous ameine !
O le trifte accident ! ô l'importune peine !
Au lieu de recompenfe, il le faudroit punir.
Mais il a ma parole, & je la dois tenir.
Quel trouble à ces amans; & quel trouble à mon ame
Mettre tant de beautez au pouuoir d'vn infame ?

OLINDE.

Quoy ? j'aurois refusé le plus grand des Romains,
Et pour maiſtre j'aurois le pire des humains ?
Le trouble de ma vie, & l'horreur de la terre ?
Que j'expire pluſtoſt par vn coup de tonnerre.
Helas ! juſte Empereur, par la haute vertu
Deſſous qui ton amour s'eſt naguere abbatu.
Ne me mets pas aux fers d'vn monſtre abominable.

SCIPION.

Quand i'ay dompté l'effort d'vne grâce adorable,
D'vne auſtere vertu i'ay reueré les loix ;
Auſſi, gardant ma foy, ie fay ce que ie dois.

OLINDE.

O fureur des deſtins, n'es-tu pas aſſouuie ?
Ah ! pluſtoſt, Scipion, que je perde la vie :
Sauue-moy de ſes mains.

SCIPION.

Mais i'ay donné ma foy.

GARAMANTE.

Ie n'ay plus guere à vure, Olinde, ſuiuez-moy.
Vous ſouffrirez bien peu, ſi ie vous ſuis horrible.

OLINDE.

Seigneur, à mes malheurs monſtrez-vous plus ſenſible.
Au pouuoir d'vn meſchant ainſi m'abandonner ?
Quelle rigueur des loix vous le peut ordonner ?

Pagination incorrecte — date incorrecte

NF Z 43-120-12

Voſtre ſeuerité veut elle vne victime?

SCIPION.

Ce mal n'eſt qu'vn malheur, le parjure eſt vn crime.

OLINDE.

I'auray bien arraché l'amour de voſtre cœur,
Et je n'en pourray pas arracher la rigueur?
Amis des innocens, Dieux, que je ſuis à plaindre.
Ah! Scipion m'eſtoit eſgalement à craindre;
Et quand trop de deſir le rendoit amoureux,
Et quand trop de vertu la rendu rigoureux.

SCENE CINQVIESME.

LVCIDAN, OLINDE, SCIPION,

GARAMANTE, ROMAINS.

LVCIDAN.

DIEVX! quel eſtonnement eſt peint ſur leurs viſages;
Qui ne peut m'apporter que de triſtes preſages?
Elle cache ſes yeux, de honte ou de pitié.
Belle Olinde, ay-je donc perdu voſtre amitié?

OLINDE.

I'ay bien gardé la foy que ie vous ay iurée;
Et par vne vertu qui doit eſtre adorée,

OLINDE.

Garde bien, Scipion, par ceste cruauté,
De ternir de tes faits l'admirable beauté.
Bien plus que la pitié ta grandeur t'y conuie.

SCIPION.

Donnez-moy vostre amour, je luy donne la vie.

OLINDE.

O les foibles appas, pour de nobles esprits!
Non, il ne viura point par vn si lasche prix.

SCIPION.

Quel desordre en mon cœur? que faut-il que je fasse?
Ou feray-je de flame, ou feray-je de glace?

OLINDE.

Ah! ce que tu feras? quoy le demandes-tu?
Fay, sans me regarder, ce que veut la vertu.
Comme de mon honneur, il y va de ta gloire.
A ne me vaincre pas mets toute ta victoire.

SCIPION.

Donc vous me disputez le titre de vainqueur?
Doncques dans Cartagene il reste à vaincre vn cœur?
Mais quoy? j'ay de deux cœurs à vaincre l'vn ou l'autre:
Il faut que je surmonte où le mien où le vostre.

L.

OLINDE.

A se vaincre soy-mesme est le plus grand honneur.

SCIPION.

Sçauoir gagner les cœurs c'est addresse & bonheur.

OLINDE.

Mon cœur n'est plus à moy: quitte ceste esperance,
De ton sort & du mien je sçay la difference.
Non, ce n'est point mespris: je sçay ce que tu vaux:
Ie sçay les beaux succez de tes nobles trauaux:
I'admire ta valeur, ta grace, ta noblesse,
Le titre d'Empereur en si grande jeunesse:
l'admire ton renom: j'admire des Romains
La puissance & l'espoir remis entre tes mains:
Pour nostre honneur commun, fay que j'admire encore
La sagesse qu'en toy tout l'Vniuers adore.
Quoy? ce grand Scipion, exemple de Vertu,
Que nul ne vid jamais sous le vice abbatu,
Qui deffendit son pere en vn aage si tendre,
D'vne triste beauté ne se pourra deffendre?
Ah! perissent plustost ces charmes malheureux,
Autant à mon repos comme au tien dangereux;
Plustost me soit du Ciel la lumiere rauie,
Que de causer jamais vne tache à ta vie.

SCIPION.

Plus vos discours sont forts, & plus vous me charmez;
La grace me rauit dont vous les animez;

Scipion me laiſſant a dompté ſes deſirs :
Mais voicy le ſujet de tous nos deſplaiſirs,
Ce More malheureux, qui veut par violence
Que de ſes trahiſons je ſois la recompenſe.

LVCIDAN.

Perfide, eſt-ce ton ombre ou ton corps que ie voy?
Quoy? meſmes les Enfers ont vomy contre moy
Ceſte ame criminelle, horrible, abominable,
Dont ma main leur a fait le preſent deteſtable ;
Tu la pretens encor? quoy? Scipion la rend;
Entre nous deformais eſt tout le differend?
Monſtre, tu ſentiras ma main aſſez puiſſante
Pour dompter, comme Hercule, vne hydre renaiſſante.
Scipion, permettez.

GARAMANTE.

   Toute ceſte fureur
Ne peut pas ſurmonter la foy de l'Empereur.
La Princeſſe eſt à moy.

OLINDE.

   Seigneur, chaſſez ce traiſtre.
Aux yeux de tant d'humains oſe-t'il bien pareſtre ?

SCIPION.

Mais quoy? ſi ie manquois de vous mettre en ſes mains,
Ie ferois vne tache à la foy des Romains.

SCIPION.

OLINDE.

A ceſte ame ſans foy faut-il eſtre fidelle?

LVCIDAN.

Laiſſez-nous à vos yeux vuider ceſte querelle.

·SCENE DERNIERE.

HYANISBE, SCIPION, GARAMANTE,

LVCIDAN, OLINDE.

HYANISBE.

Q VO Y donc, il n'eſt pas mort? encore le Soleil
Daigne bien eſclairer ce monſtre ſans pareil?
Vous me l'auez promis, Seigneur, voicy le traiſtre
Que vous deuez me rendre, eſtant y le maiſtre.
A ces conditions ie vous ſers de mon bras.

SCIPION.

Il eſt vray, ie l'auouë, & n'y reſiſte pas.
J'auois promis vn traiſtre, emmenez-le, il eſt voſtre.
J'ay faict ceſte promeſſe auant qu'auoir faict l'autre.

HYANISBE.

HYANISBE.

Ah! meſchant, que de maux tu t'en vas receuoir.

GARAMANTE.

J'ayme bien mieux mourir, qu'eſtre ſous ſon pouuoir.

HYANISBE.

Pour vn ſi laſche cœur, treſpas trop honorable.

SCIPION.

Que ie ſuis ſoulagé. Le ſort plus fauorable
Me rend la liberté de ioindre deux amans,
Et de ioindre ma ioye à leurs contentemens.
Lucidan, je te rends ceſte chaſte Princeſſe;
Et ſi, te la laiſſant, tu priſes ma ſageſſe,
Ceſſe de t'eſtonner; admire Rome; & croy
Qu'elle en a mille encor plus vertueux que moy.
Prince, ie te la rends, & te rends à toy-meſme.
Ayme-nous ſeulement.

LVCIDAN.

Dieux! quelle grace extréme.

SCIPION.

Meſme en faueur d'Olinde, & de ſa pureté,
A ce peuple captif ie rends la liberté.
Aux Princes Eſpagnols je rends tous leurs oſtages;
Ne gardant que l'honneur pour tous mes auantages.

M

SCIPION.

OLINDE.

Incroyables faueurs ! Que ie baife vos mains.

LVCIDAN.

Ie fay vœu de mourir en feruant les Romains.

HYANISBE.

Et ie fay vœu, pour moy, qui fuis fille & Princeffe,
D'eftre Vierge à iamais, imitant ta fageffe.

FIN DV CINQVIESME ACTE.

Extraict du Priuilege du Roy.

PAR Grace & Priuilege du Roy donné à Paris le 14. de Mars 1639. il est permis au sieur DESMARETZ Conseiller du Roy & Controolleur general de l'extraordinaire des guerres, de faire imprimer, vendre, & debiter toutes ses œuures, tant de Prose que de Vers, imprimées & à imprimer, durant l'espace de vingt ans. Et deffenses sont faictes à toutes personnes de quelque qualité & condition qu'elles soient, d'imprimer pour l'aduenir, ny de contrefaire aucunes choses des œuures dudit sieur DESMARETZ, imprimées ou à imprimer, en quelque façon & soubs quelque pretexte que ce soit, ny de les vendre & debiter sans son consentement, à peine de trois mil liures d'amende, de confiscation des exemplaires contrefaicts, & de tous despens dommages, & interests: & veut sa Majesté qu'en mettant vn extraict desdites Lettres à la fin ou au commencement de chaque volume, elles soient tenuës pour deuëment signifiées, & que foy y soit adioustée comme à l'original.

Signé, Par le Roy en son Conseil.   CONRART.

Et ledit sieur DESMARETZ a cedé & transporté son Priuilege pour raison de la Tragicomedie intitulée, Scipion, à Henry le Gras Marchand Libraire à Paris, pour en ioüir par luy durant ledit temps, selon qu'il est plus amplement porté par ledit transport du 18. iour de Mars 1639.

www.ingramcontent.com/pod-product-compliance
Lightning Source LLC
Chambersburg PA
CBHW060640100426
42744CB00008B/1707

* 9 7 8 2 0 1 2 7 6 0 2 2 6 *